乒乓球

【日】田崎俊雄 主编 王爽威 译

明治大学
乒乓球队教练

基础与实战

击球、攻防与战术

（全彩图解版）

人民邮电出版社
北京

前言

　　如今的乒乓球技巧可以说是日新月异，很多人都期望掌握顶尖选手的技巧。但是乒乓球的技巧众多，每位教练的指导思路也不尽相同。

　　这当中，乒乓球的基本功还是最重要的。即使是最新的技巧，也需要依托于扎实的基本功。很多世界级的选手经过了长年的训练和比赛，现在依旧处于顶尖水平，就是因为他们的基本功非常扎实。

　　如果基本功不扎实，在比赛中就经常会出现失误，成绩也不容易提高。练好基本功，训练水平就会提高很快。

　　即使现在的比赛成绩还不理想，如果学习好乒乓球的基本功的话，取得胜利的日子指日可待！

CONTENTS

083　第3章　**乒乓球的基本技巧**

CONTENTS

第1章

器材的基本知识

球拍的种类

乒乓球拍大致分为两类，分别叫作直拍和横拍。大家可以了解它们的特点，选用适合自己的球拍。

横拍

进攻型　　　　　　　　　　　　　　　　　防守型

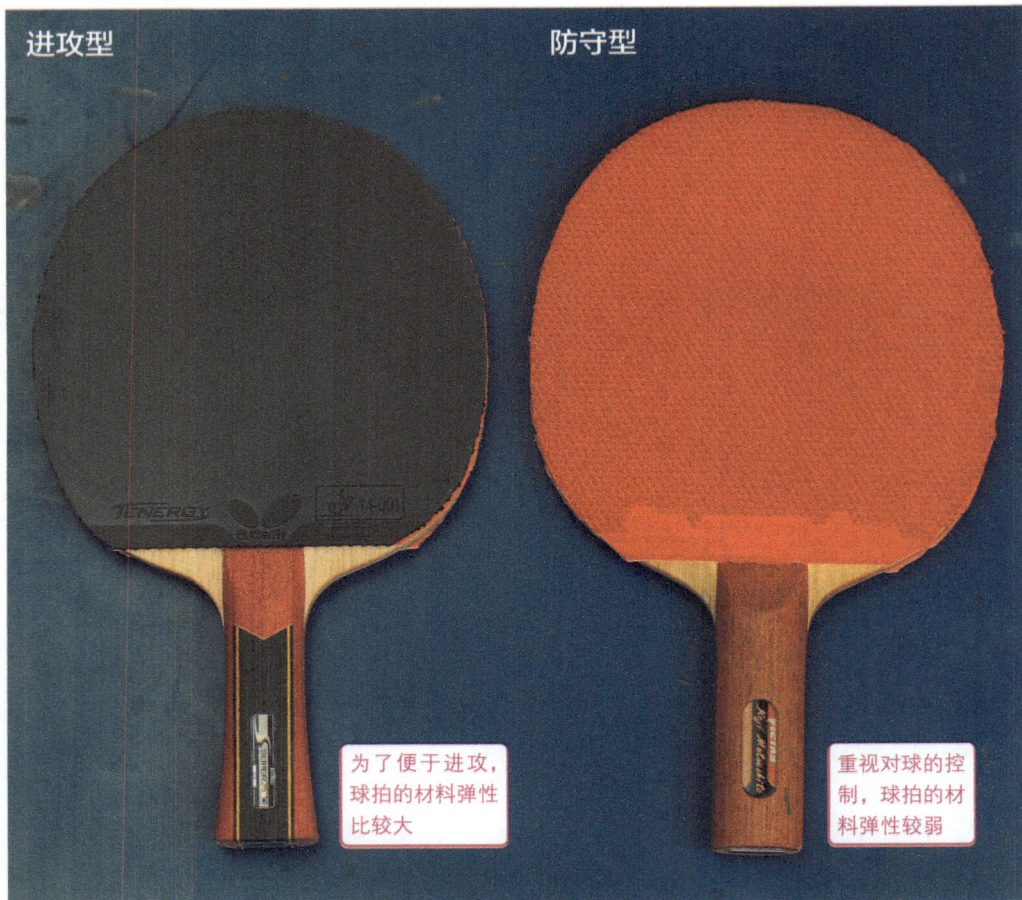

为了便于进攻，球拍的材料弹性比较大

重视对球的控制，球拍的材料弹性较弱

横拍的英文名称为"Shake-hand Grip"，是"握手"的意思。说明握横拍的手型与握手时的手型是一样的。横拍的特点是正手和反手的切换比较容易，正反两面都容易进攻，而且反手击球的力度可以和正手一样。可以说，横拍已经成为现代乒乓球的主流。横拍可以分为进攻型和防守型两种，防守型的体积稍微大一些，进攻型采用的材料弹性更大，而防守型的弹性稍稍弱一些。

横拍的手柄的种类

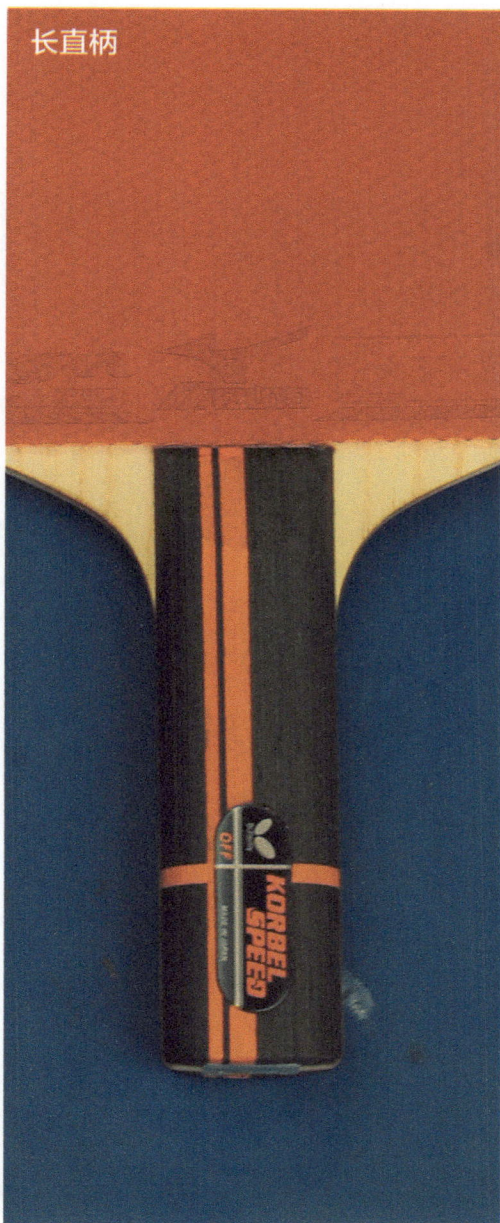

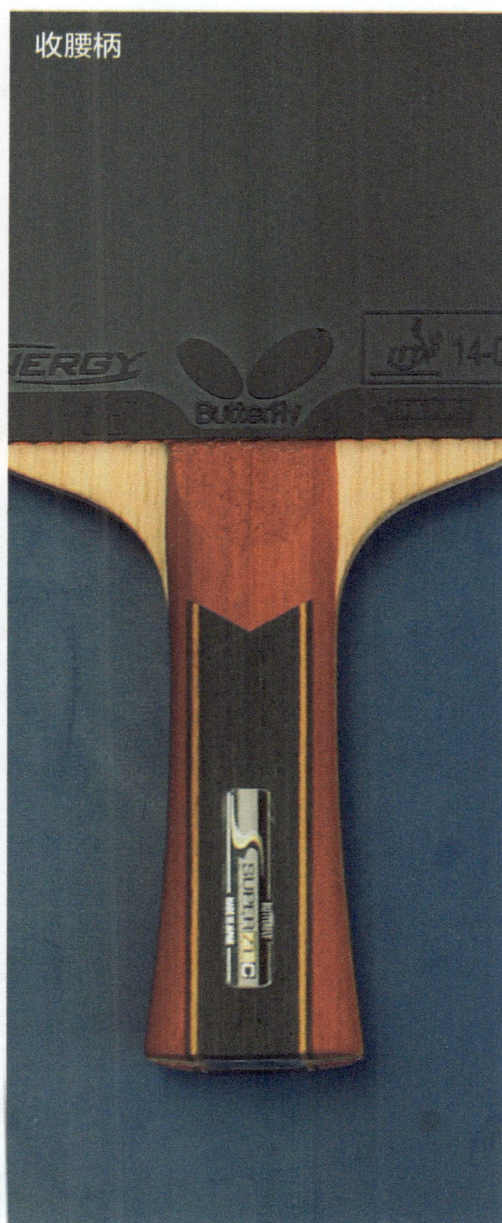

长直柄

收腰柄

　　横拍的手柄可以分为长直柄、收腰柄和葫芦形柄等等。长直柄指的是宽窄一致的球拍手柄，收腰柄越到末端越粗，手小的人往往喜欢使用收腰柄。由于每个人的爱好不同，所以最好通过实际体验，找到适合自己的球拍。

球拍的种类

直拍

方形

圆形

因为球拍本身比较长，可以利用离心力，增加扣杀的力度

和方形相比，球拍比较短，可帮助球员发挥细腻的技巧，以及做近台处理

　　直拍主要使用拇指和食指握住拍柄，因此手腕部分比较灵活，有利于发球、近台处理，以及正手上旋球，但是不利于反手击球。直拍也分为几种，具有代表性的是方形（也称为"日式"）和圆形。方形更利于发挥进攻的威力，圆形比较适合近台打法。

直拍的手柄的种类

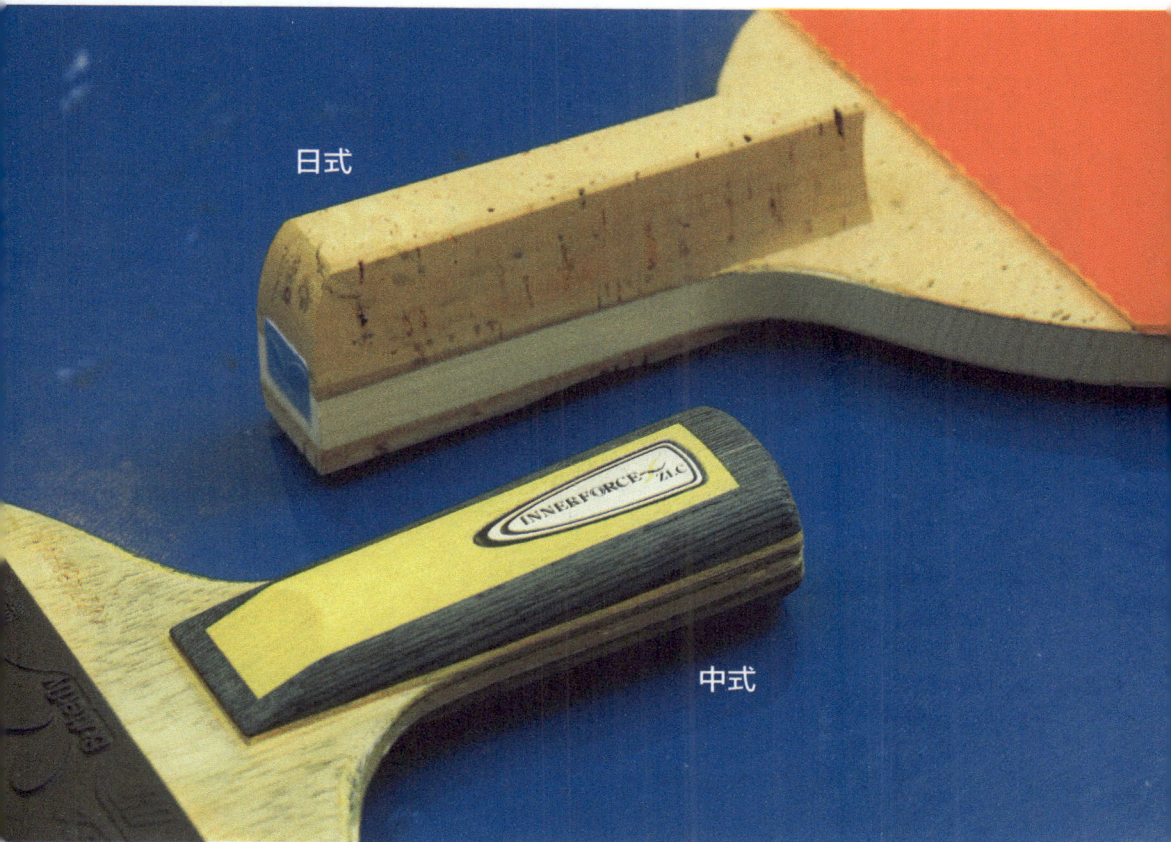

日式

INNERFORCE-ZLC

中式

直拍的手柄主要分为日式和中式两种。日式手柄比较高，而且具有棱角；中式的手柄比较薄，而且比较短。使用日式手柄时拇指和食指更容易发力，所以更适于正手的上旋球进攻。相比之下，使用中式手柄时，拇指和食指不必过于用力，五根手指的力量分配比较平均。所以更容易发挥近台技巧以及细微的技术。

细 节

日式和中式

日式直拍只能使用单面。中式直拍可以使用正反两面，这使直拍的反手不善于攻击的缺点得到了改善。因此中式直拍成为了主流，而使用日式直拍的球员逐渐减少。

胶皮的种类

在球拍的一侧或两侧一定要粘贴橡胶制的胶皮。胶皮大致分为正胶、反胶和长胶3种。因为3种胶皮的特点各不相同，所以要根据自己的打法，选择适于自己的胶皮。除此之外还有表面非常光滑的防弧圈胶皮。

反胶

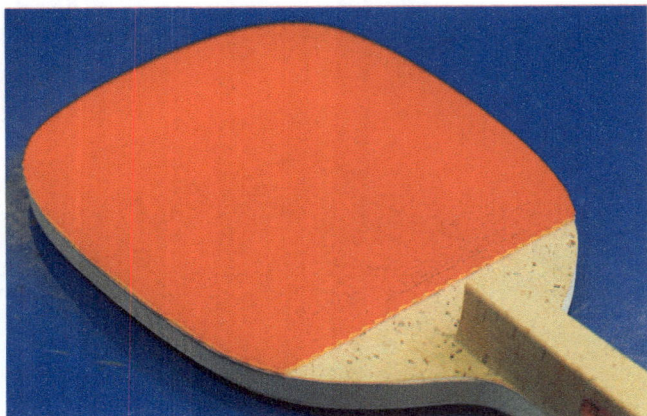

胶皮的表面非常平滑，因此和乒乓球接触的面积比较大，击球时容易旋转，所以适合打削球和上旋球，但是容易受到对方旋转球的影响。反胶下面要粘贴一层海绵。

正胶

正胶的上面有一层小小的突起，由于接触乒乓球的是凸起的上端，所以触球的面积非常小，很难使球旋转。正胶不容易受到对方的旋转球的影响，而且胶皮的弹性比较大，击球的速度也比较快。正胶下面也要粘贴一层海绵。

长胶

和正胶相同，上面有一层小小的突起，但是突起的颗粒比正胶要小，而且更长。所以球拍触球的面积更小，更难使球旋转，不容易受到对方的旋转球的影响。而且胶皮更容易吸收弹性，适于推挡。长胶下面也要粘贴一层海绵。

细 节

胶皮的厚度

球拍的胶皮由于橡胶材料的质地不同、橡胶的厚度不同、硬度不同，还可以分为不同种类。正式比赛使用的胶皮加上海绵的厚度规定为4毫米，其中的胶皮为2毫米。胶皮越厚弹性越大，但是对乒乓球的控制能力较弱。进攻型打法适合采用比较厚的胶皮，防守型打法适合采用比较薄的胶皮。初学者最好使用比较薄的胶皮。

细 节

球拍的构造

由多层木材以及粘合剂构成的球拍叫作"合板"，由一层木板构成的叫作"单板"。现在的球拍几乎都是合板，只有日式的直拍保留了单板构造。合板也由于木材不同，可以组合出各种不同的球拍。单板的主要材质是榆木，很多人喜欢榆木的手感。

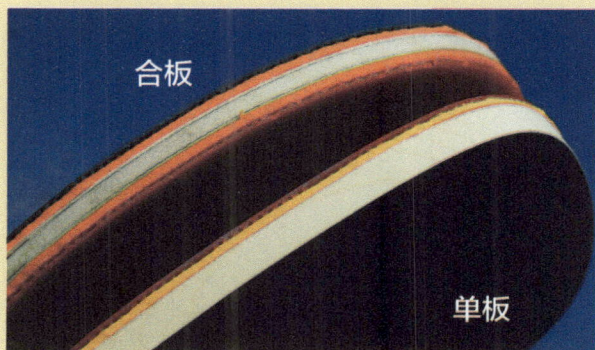

合板

单板

胶皮和打法的关系

胶皮的选择是由打法决定的，希望大家可以了解一下胶皮和打法的关系。

横拍

反胶 + 反胶

上旋球打法

适于正手和反手拉上旋球的打法。球拍的正反两面使用的都是容易打旋转球的反胶。

全能打法

要求运动员具有极高的身体素质，不仅善于拉上旋球，还擅长其他技巧。这种情况可以采用双面反胶。

反胶 + 正胶

近台快攻打法

以近台快攻为主的打法可以一面采用常见的反胶，为了加快回球速度，另一面使用正胶。

反胶 + 反胶 / 正胶 / 长胶

削球打法

通过中远台的削球导致对手失误，伺机进行进攻。所以反面采用容易打削球的反胶。

反胶 / 正胶 + 长胶

近台攻守打法

在近台等待对手的失误，如果对方回球到正手的话立刻转为攻击。这种类型的球拍的正面可以使用反胶，反面可以使用不受旋转球影响、而且可以加快球速的正胶，或者使用可以给球带来更多变化的长胶。

反胶 + 正胶 / 长胶

多种进攻打法

这种胶皮适用于富于多变的旋转球，以及快攻的打法。胶皮采用反胶加正胶或长胶，适用于多种技巧的发挥。

直拍

反胶（ + 反胶 ）

上旋球打法

这种胶皮适合利用灵活的步法，使用正手上旋球进行攻击的打法。有些运动员使用球拍的反面进行反手攻击。

正胶（ + 反胶 ）

近台快攻打法

这种胶皮适合近台快攻的打法，选择正胶容易进行扣杀。有些运动员使用球拍的反面进行反手攻击。

长胶 / 反胶 + 正胶

短球打法

使用长胶打出旋转球迷惑对手，伺机使用反胶或正胶进攻。这种胶皮有利于近台短球，而且有利于运用多种技巧。

横拍

特点	• 正反手都容易进行进攻。
	• 容易进行球拍的正反面交换。

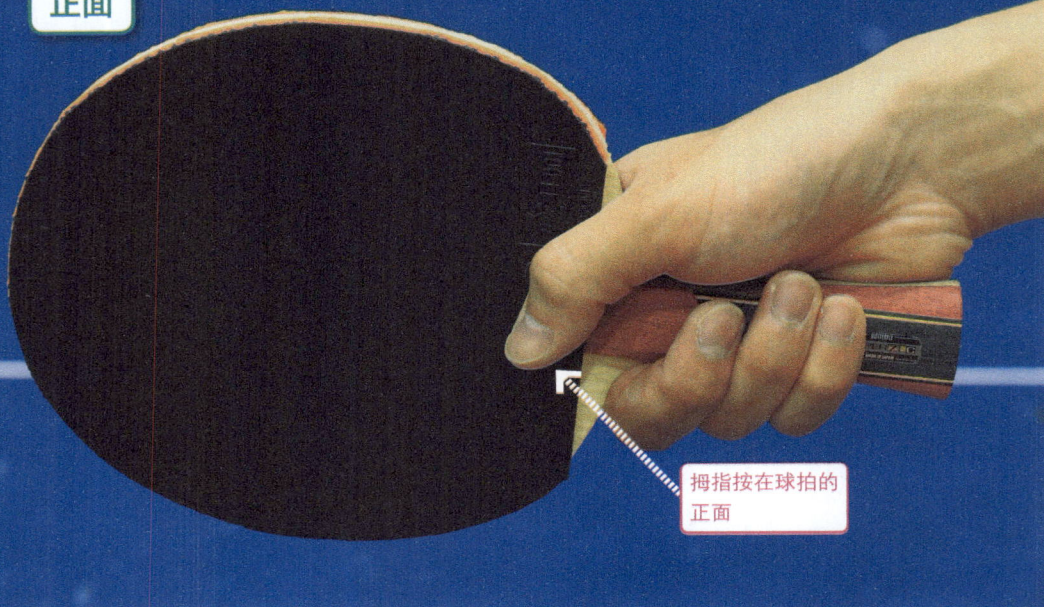

正面

拇指按在球拍的正面

错误的例子

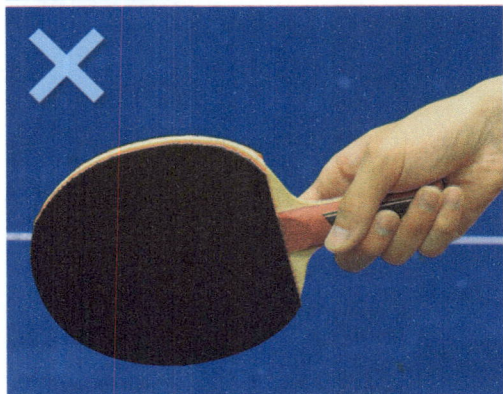

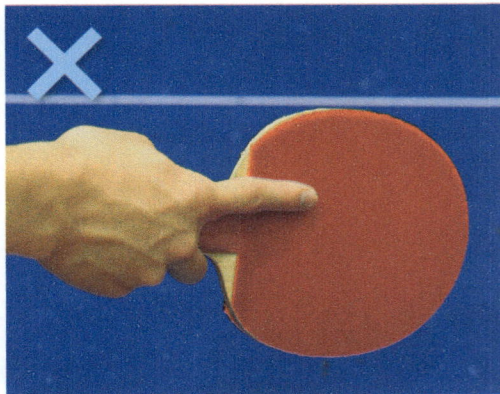

拇指没有按在球拍正面的话，不能保证球拍的稳定性。

如果食指按在球拍的反面的话，便于正手进攻，但是给球员打反手球增加了难度。

横拍的英文名称为"Shake-hand Grip"，是握手的意思。因此横拍的握法和握手非常相似，虎口部分正好位于正反面之间。而且握拍时手指不能太用力，因为正手和反手切换时，有时要重新握拍。所以平时手指不能用力，在击球的一瞬间突然发力。

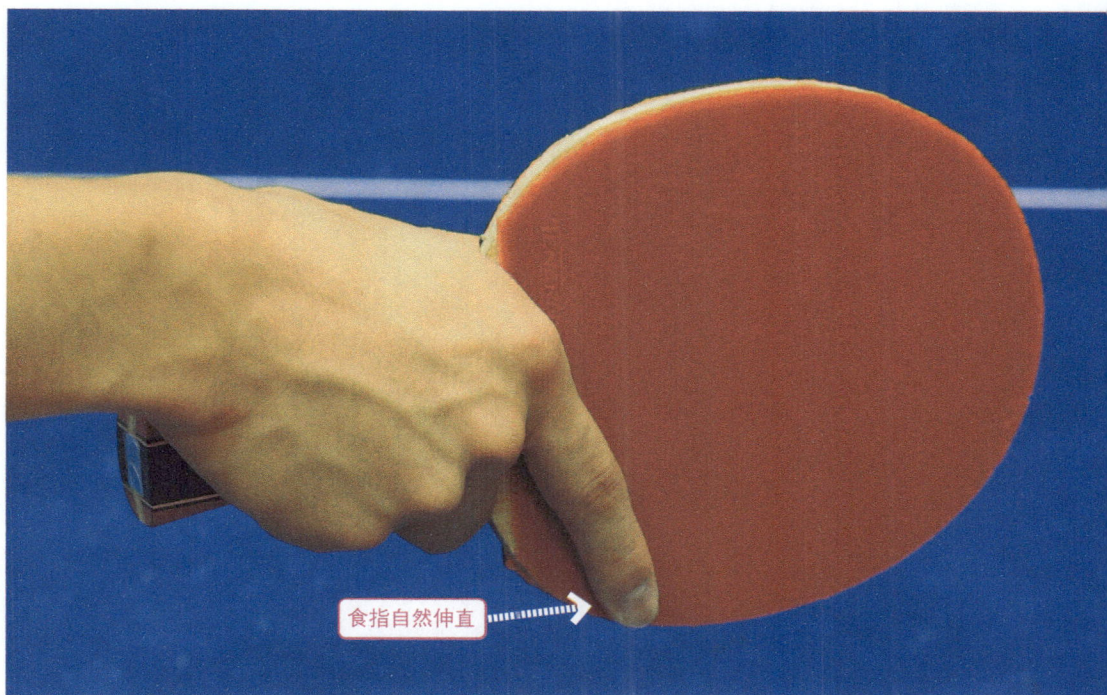

食指自然伸直

细 节

发球时采用不同的握拍方法

　　采取横拍时，手腕不容易运动，所以发球时很难使用旋转球的技巧。但是如照片中所示，中指、无名指和小指离开拍柄的话，可以给手腕留出更多运动的空间，这样发球时就可以使用更多的技巧。

正面

背面

直拍

特点	● 很容易发球。
	● 容易进行近台处理。

握直拍的方法是用拇指和食指扣住拍柄，另外3根手指轻轻托住球拍的背面。拇指和食指握住拍柄的方法根据每个人的喜好不同，不能一概而论。如果不是特别奇怪的握法的话，一般没有问题。虽然直拍分为日式和中式，但是他们的握法没有什么区别。

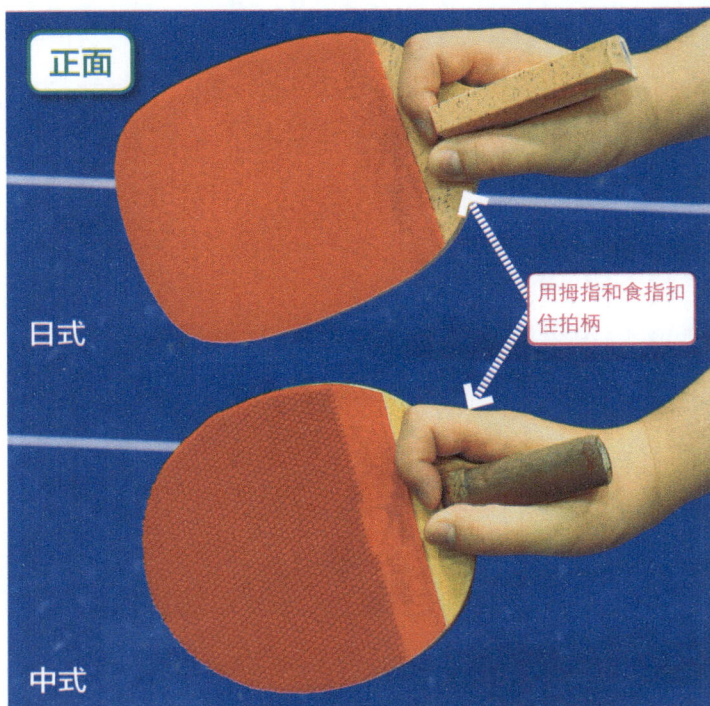

正面

日式

中式

用拇指和食指扣住拍柄

错误的例子

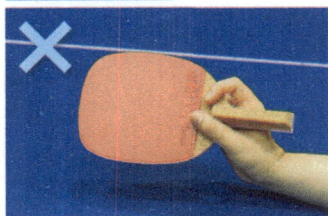

这种握法的拇指位置过于靠前。这样的话，反手击球时，不容易翻转球拍。

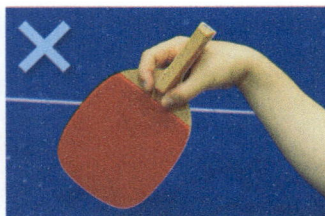

手腕过于弯曲。如果手腕过于上扬的话，无法打弧圈球。但是过于下垂的话，不容易扣杀。

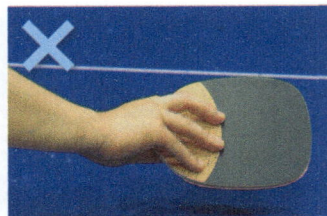

后面的3根手指过于分散。手指之间的距离过大的话，会使球拍更加稳定，但是无法进行反手击球。

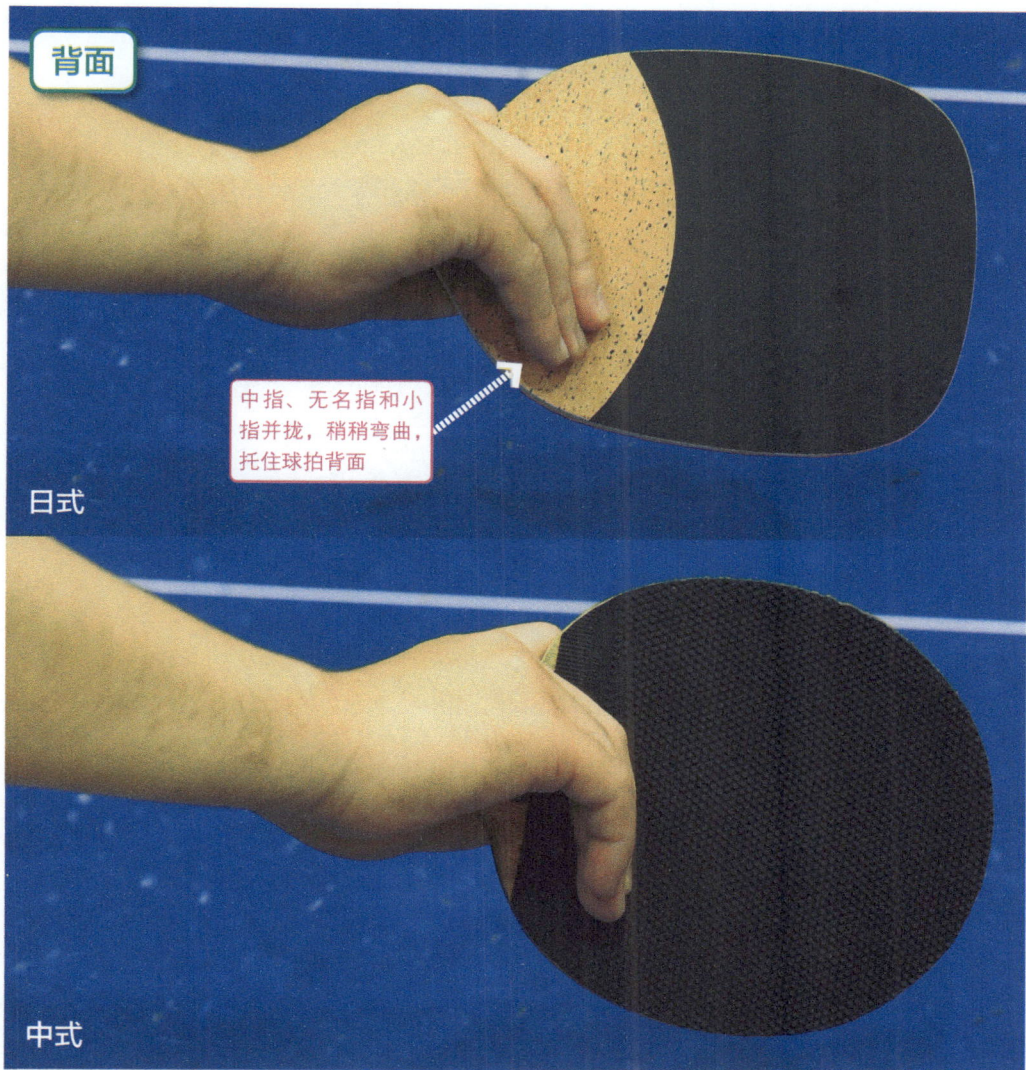

背面

中指、无名指和小指并拢，稍稍弯曲，托住球拍背面

日式

中式

细 节

按自己的习惯改造球拍的拍柄

无论是直拍还是横拍，很多情况下不适合自己的手型。为了握拍更舒服，可以用锉磨掉硌手的棱角，甚至可以将拍柄磨细。为了能够发挥出各种击球技巧，可以将拍柄打磨得更加顺手。

关于球拍的规则

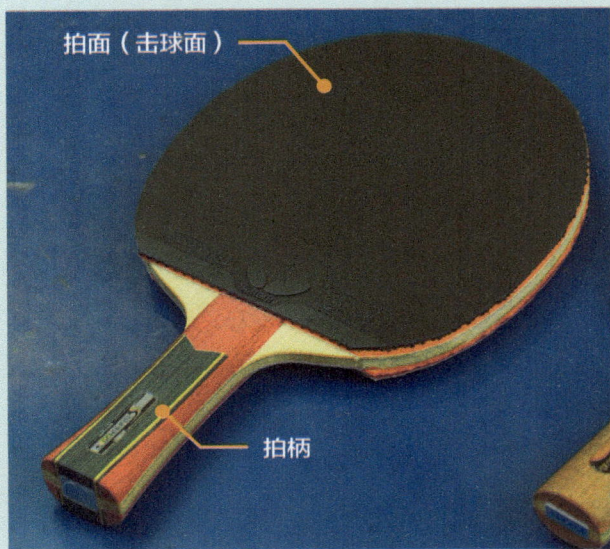

拍面（击球面）

拍柄

关于球拍的规定

拍面应该保持水平、坚硬，对于球拍的大小、形状、重量不作规定。

球拍的厚度中，必须要包括85%的天然木材。

球拍的粘合剂厚度占总厚度的7.5%，或0.35毫米以下，可以使用碳纤维加强粘合度。

正胶要使用一层天然或合成的不含气泡的胶皮，胶粒要在1平方厘米之内保持10到30粒均匀分布。

胶皮要保持一面为红色，另一面为黑色。

关于乒乓球的规定

直径为40毫米的球体。

重量为2.27克。

材质为赛璐珞材料，或与赛璐珞材料相近的塑料。

颜色为无光泽的白色或橙色。

第 2 章

击球的基本技巧

长球

　　正手长球是最基本的击球动作，如果不能掌握正手长球击球的动作的话，那么以后无论是学习扣杀，还是学习上旋球，都是非常困难的。所以正手长球可以被称为乒乓球技巧中的基础。

　　正手长球是不旋转的，也许因为动作的关系会稍稍向前旋转，这也不是选手有意而为之。因为击球的一瞬间，球和球拍垂直接触，通过挥拍将球击出。

正面

手腕的位置固定

通过旋转身体，带动臂部运动

　　击球之前要向后回撤球拍，回撤的动作不应该是使用小臂。如果是右手击球的话，应该将右侧腰部回撤，并且旋转身体。随后根据击球的时机转动腰部，带动小臂击球。击球时身体不能倾斜，特别是双肩应该保持水平。击球之后球拍应该停在面部前方，如果摆臂的幅度过大的话，要花很长时间准备下一次击球的动作。

击球的瞬间和球的特征

要点
- 击球时球拍与球保持垂直。
- 不需要让球旋转。
- 通过挥臂的动作挥拍击球。

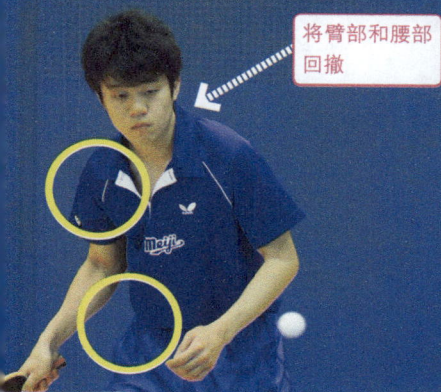

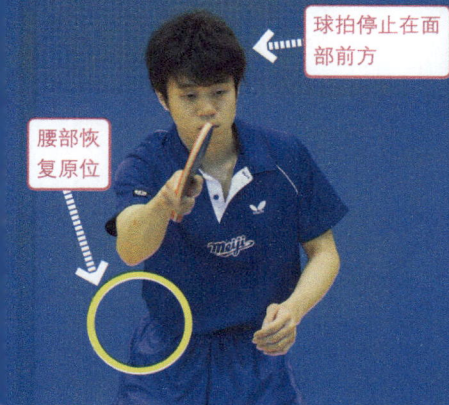

将臂部和腰部回撤

腰部回撤

球拍停止在面部前方

腰部恢复原位

长球

侧面

→

← 重心放在右腿上

细 节

注意重心的移动

　　击球时身体重心要从右腿移动到左腿，球拍后撤时身体的重心放在右腿，随着向前挥动球拍，重心也从右腿逐渐过渡到左腿。因此击球时不光是臂部击球，而是通过整个身体带动臂部击球。

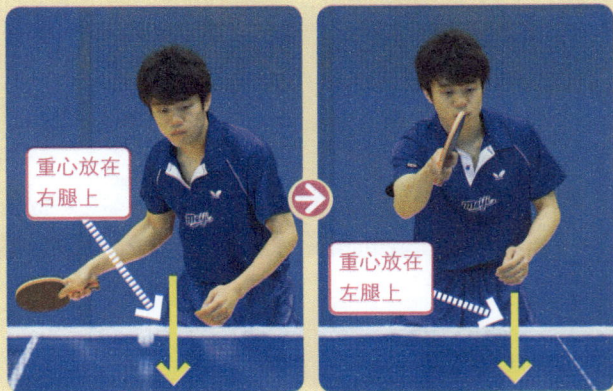

重心放在右腿上

→

重心放在左腿上

首先左脚向前方迈出，膝盖稍稍弯曲，身体前倾，并且放松。腰部向后撤的同时准备挥臂。随后身体向前复位时挥臂击球。击球之前身体的重心放在右腿，击球之后，身体的重心逐渐向左腿移动。

身体旋转的同时移动重心

重心放在左腿

细 节

击球之后身体恢复原状

击球之后，身体不能立刻准备下一个动作的话，不容易迅速进行下一次击球。击球之后，球拍不应该放在身体的正前方，而是应该接近击球动作的起始位置。在击球和回撤球拍的一系列动作中，球拍的运动轨迹应该形成一个椭圆形。这样的话，每次击球的动作会变得更加连贯。

完成挥拍

立刻准备下一个动作

上旋球

这里指的上旋球，是通过斜向击打乒乓球的后方，使球向上旋转的意思。上旋球的特点是，乒乓球在对方球台弹跳之后会突然加速或改变运动方向。为了使乒乓球旋转，应该加大挥臂的速度，而且球拍应该斜向击打乒乓球的上方。

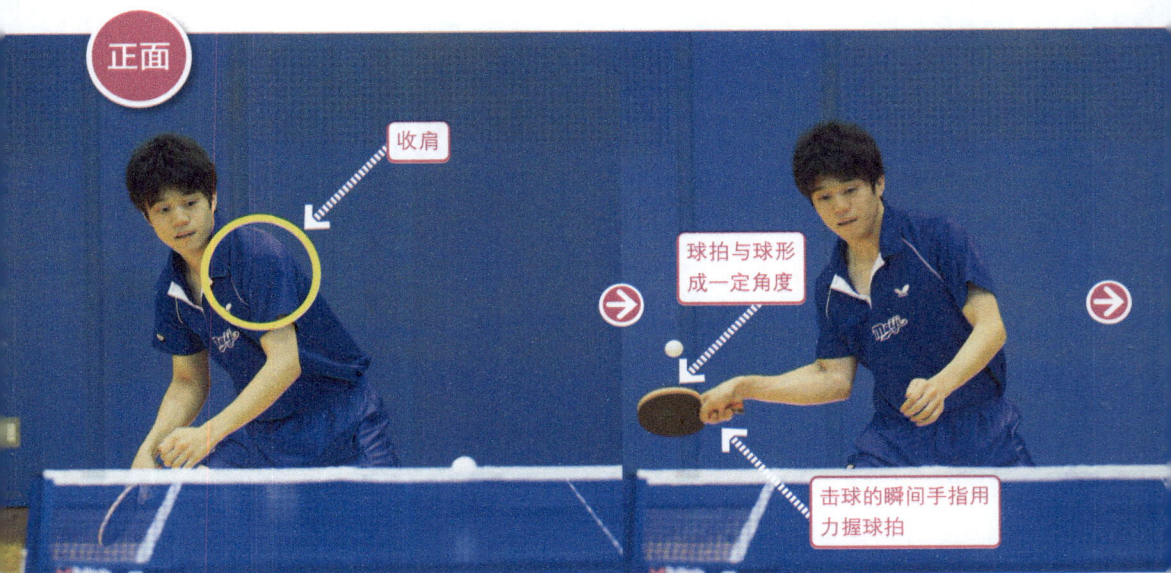

正面

收肩

球拍与球形成一定角度

击球的瞬间手指用力握球拍

击打正手上旋球的方法和正手长球非常相似，要使用身体旋转的力量，将身体重心放在右脚，利用全身的力量进行击球。如果只使用臂部的力量无法打出强烈旋转，使用全身的力量才是击球的关键。击球的瞬间，挥动手臂的速度以及通过肘部的弯曲进行小臂的摆动，使乒乓球产生强烈的旋转。如果只使用小臂的力量击球的话，虽然可以加强旋转，但是很难对球进行控制，回球的路线会变得不稳定。在击球的瞬间，手指可以突然发力，紧握球拍，给击球增加力度。击球时尽量不要使用手腕的力量。

击球时乒乓球的运动特征

要点
- 球拍斜向击球。
- 手臂平行摆动。
- 通过腿部动作，带动全身的力量击球。

快速挥臂

摆动小臂

细 节

体会乒乓球接触球拍的感觉

　　在打上旋球时，通过胶皮和乒乓球的摩擦，使球发生旋转。为了体会乒乓球和球拍接触时的感觉，我们可以进行如下的训练。一只手从下向上挥动乒乓球拍，另一只手将乒乓球用力投向球拍。这样的话，乒乓球接触球拍的一瞬间，摩擦的感觉会传导到手上，从而体会旋转球的感觉。

上旋球

侧面

双腿分开

细　节

步法要灵活

　　准备击球时的步伐要灵活。准备击球时重心放在右腿上。准备击球时的姿势，要将身体向右侧旋转，以右腿为支点，左腿膝盖向内侧弯曲。随后，身体恢复原状，弯曲的左腿也逐渐恢复到原来的位置，重心逐渐转移到左腿上。只有步法灵活，才能保持上身动作的稳定。

在打上旋球时要运用整个身体加上灵活的步法，这是打上旋球的关键。关于重心的移动，和正手长球相同。在准备击球时一边旋转身体，一边将重心放在右脚，随后挥动手臂时，身体恢复原位，利用重心移动使用全身的动作击球，同时将重心移动到左腿。在进行重心移动时，步法一定要灵活。

利用身体的动作击球

将重心放在左腿

击球之前重心放在右腿

细 节

手臂摆动的幅度要加大

　　和正手长球不同，打上旋球时，击球的瞬间要使用更大的力量，所以准备击球时身体摆动的幅度应该更大。只有身体摆动的幅度加大，才能利用更大的离心力来打出更具有旋转性的球。接对方击打的长球时，如果回球的位置过低的话容易出界，所以应该水平击球。如果平行击打对方的下旋球的话容易下网，所以应该从下向上击球。

弧圈球

弧圈球和上旋球的原理相同，但是弧圈球更重视乒乓球的旋转，以及乒乓球运行的轨道。如果对方打了一个下旋球的话，一般的回球容易下网。但是使用弧圈球的话，很容易将球回到对方的界内。此外，还可以利用弧圈球打乱对方的节奏。

准备击球时双腿屈膝

双腿弯曲，身体下蹲

因为和一般的上旋球相比，要将球击得更高，所以准备击球时身体应该双腿弯曲，身体下蹲，在更低的位置准备击球。随后利用伸直膝盖的动作，利用身体摆动的动作向上击球。

击球时乒乓球的运动特征

要点
- 球拍弧线击球。
- 手臂从下向上摆动。
- 通过膝关节的动作，带动全身的力量击球。

向上挥拍

膝盖直立的过程中，旋转身体

膝盖不能完全伸直

右侧旋转和左侧旋转

我们下边介绍的旋转球和棒球的投球手投出的旋转球有些相似。摩擦乒乓球的右侧可以打出右侧旋转球，摩擦乒乓球的左侧可以打出左侧旋转球。通过改变乒乓球的运行轨道，可以给对手的回球加大难度。

正面　**右侧旋转球**

摩擦乒乓球的右侧

为了打出右侧旋转球，可以用球拍摩擦乒乓球的右侧，导致乒乓球的运行轨道向左偏离。

正面　**左侧旋转球**

为了打出左侧旋转球，可以用球拍摩擦乒乓球的左侧，导致乒乓球的运行轨道向右偏离。

向右侧旋转

摩擦乒乓球左侧

摩擦乒乓球右侧

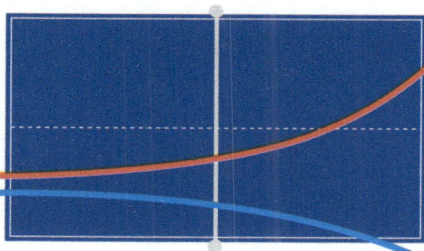

向左侧旋转

摩擦乒乓球的
左侧

扣球

通过旋转可以加快乒乓球的运行速度，但是速度最快的要数扣球，而且扣球也是最容易得分的技巧。扣球会使乒乓球自然带有向上旋转，球和球拍接触时接近于直角。比赛时，只要对方回球稍稍高过球网就立刻扣球的话，会给对方带来很大的心理压力。

正面

转动身体，积蓄力量

扣球时的要点是，使用全身的力量，打出最高速度的球。如果只使用臂部的力量击球的话，乒乓球运行的路线会非常不稳定。所以采用和打上旋球相同的方法，使用身体的摆动进行击球。手臂的运行轨道保持水平，从正后方击球。

击球时乒乓球的运动特征

要点
- 球拍水平击球。
- 手腕的动作要固定。
- 使用全身的力量击球。

使用全身的力量击球

水平击球

扣球

侧面

左肩向前

积蓄力量

乒乓球位于斜前方

细 节

固定手腕，用全身的力量击球

　　扣球时一定要固定手腕，如果扣球时手腕活动的话，击球的速度会很快，但是球路非常不稳定。所以头脑中不要过于注意手腕的运动，使用身体带动手臂击球的话，球的运行轨道会更加稳定。

这是从侧面拍的照片，让我们看一下扣球时的身体动作。准备击球时首先扭转身体，左肩向前，为击球积蓄力量。在身体恢复原状的同时带动手臂用力击球，同时身体的重心从右脚转移到左脚。

手指紧握球拍

水平击球

重心从右脚转移到左脚

细 节

身体的摆动以左脚为支点

完成击球之后，左脚用力蹬地，保持身体平衡。如果左腿力量放松的话，身体旋转的角度过大，无法迅速准备下一次的击球动作。可以想象左脚的附近有一面墙，通过左脚的力量阻止身体撞在墙上。

扣高球

扣高球指的是对于高于眼睛视线的球的扣杀技巧，和棒球的慢速投球的动作有些相似。

如果球的高度在视线以下的话，打起来比较容易。如果高过视线的话就有一些难度了。首先是击球的手臂抬起的问题。因为击球之前，不握拍的另一只手要首先抬起。随着另一只手的下落动作，握拍的手从身后画一条弧线，从身体后方向上挥舞的同时击球。扣高球和一般的扣球一样，都要使用全身的力量来击球。

斜前方

不握拍的手高高举起（肩膀向前）

弯曲膝盖，为击球积蓄力量

不握拍的手迅速放下

侧面

击球时乒乓球的运动特征

要点
- 球拍弧线击球。
- 不使用手腕的动作。

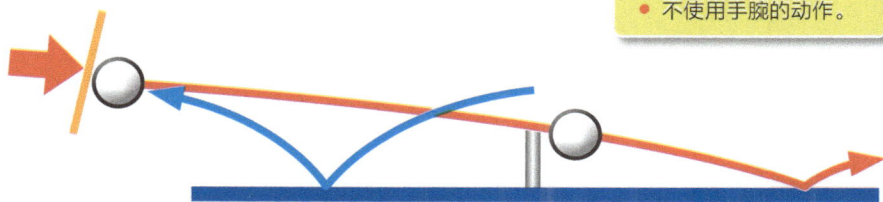

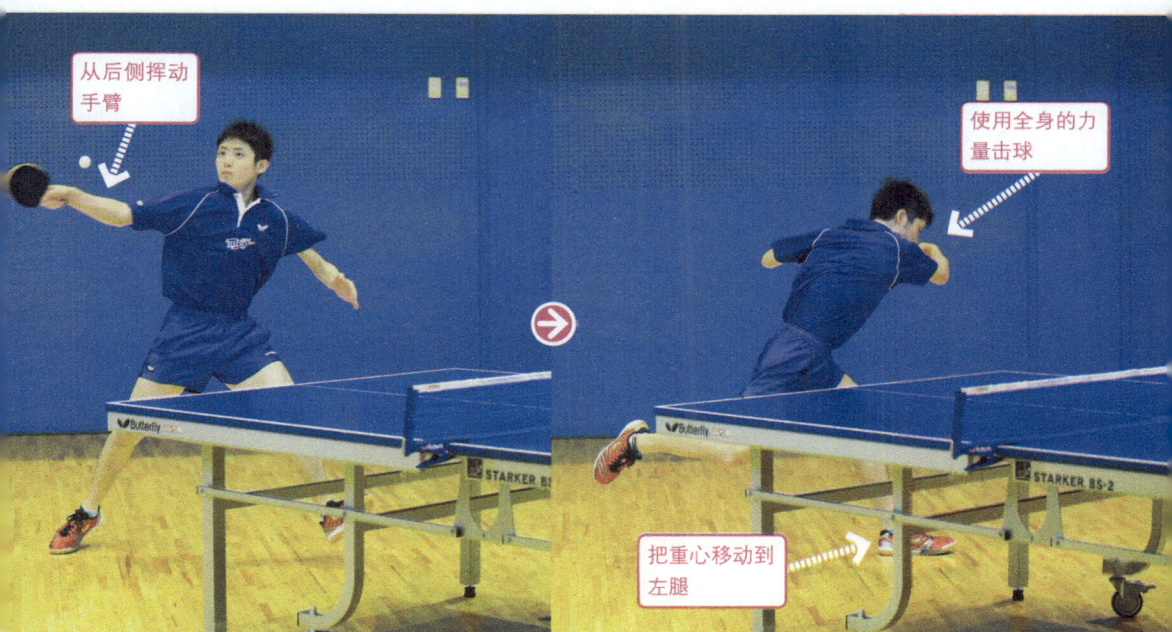

从后侧挥动手臂

使用全身的力量击球

把重心移动到左腿

利用全身力量击球

平挡

平挡是在对方击球之后，将球打回对方球台的一种防守技巧。平挡之前首先要看清对方回球的旋转方向，调整好自己球拍的角度。击球时手部要放松，为了减弱乒乓球的速度，要小幅度击球。但是如果回球太慢并且太低的话，不容易进行连续进攻。

正面

身体不旋转

不需要回撤球拍

手臂放松

平挡时需要的不仅是用球拍击球。如果对方打过来一个快球的话，只要稍稍碰球就有可能出界。因此将球回到对方界内的要点是手臂放松，小幅度摆动。如果球拍不动，或者手指过于用力握球拍平挡的话，不容易控制回球的方向。手臂放松的话，反而容易吸收对方击球的力量。首先要学会慢慢地将球回到对方的区域，随后逐渐增加力量，学会从防守到进攻的转变。

击球时乒乓球的运动特征

要点
- 打上旋球时，球拍弧线击球。
- 手臂尽量放松。
- 手臂的动作幅度要小。

手臂摆动的
动作要小

细 节

在身体的斜前方击球

正手击球时在身体的正前方击球是非常有难度的，所以往往在身体的斜前方击球。而且正手击球时，左脚往往在身体前方，如果对方回长球的话，右脚提前迈一步，手随着腿一起运动。

搓球

正手搓球是发近台球的基本接法，特别是对于下旋球非常有效。为了通过搓球打出下旋球的效果，应该在身体的右前方（右手握拍时）摩擦乒乓球的下方。

因为正手击球是在身体的右侧击球，所以右腿和右手应该同时运动。而且搓球是一种近台技巧，所以要求身体动作非常灵活。击球的准备动作要快，击球时稍稍加上一些身体的反作用力。击球的一瞬间，如果用球拍垂直接触乒乓球的话，回球容易下网。因此要将拍面向上，倾斜摩擦乒乓球的下方。

正面

准备击球的动作不能过大

球拍保持倾斜

在身体的右前方击球

侧面

右脚向前伸

击球时乒乓球的运动特征

要点
- 摩擦乒乓球下方。
- 球拍的运行轨迹是向斜下方。

球拍向斜下方削乒乓球

使用全身的力量击球

长球

反手长球和正手长球一样，都是对对方从反方向打来的球进行回击的方式。反手击球时，球拍要在腰部做小范围回撤的动作，然后在身体前方击球。

正面

球拍稍稍回撤，准备击球

在身体前面击球

反手长球的动作要在身体前面进行。虽然正手长球要在身体侧面击球，但是反手击球时身体很难旋转，因此在身体前方击球时动作比较稳定。反手长球是反手击球最常用的技巧，击出的球不带旋转，击打的部位是乒乓球的正后方。如果击球时球拍的角度过于倾斜的话，无法应对对方击出的旋转球，所以击球时球拍尽量保持垂直。

击球时乒乓球的运动特征

要点

● 击打乒乓球的正后方。

● 球拍垂直击球。

● 通过回撤球拍积蓄力量。

球拍不能过于倾斜

长球

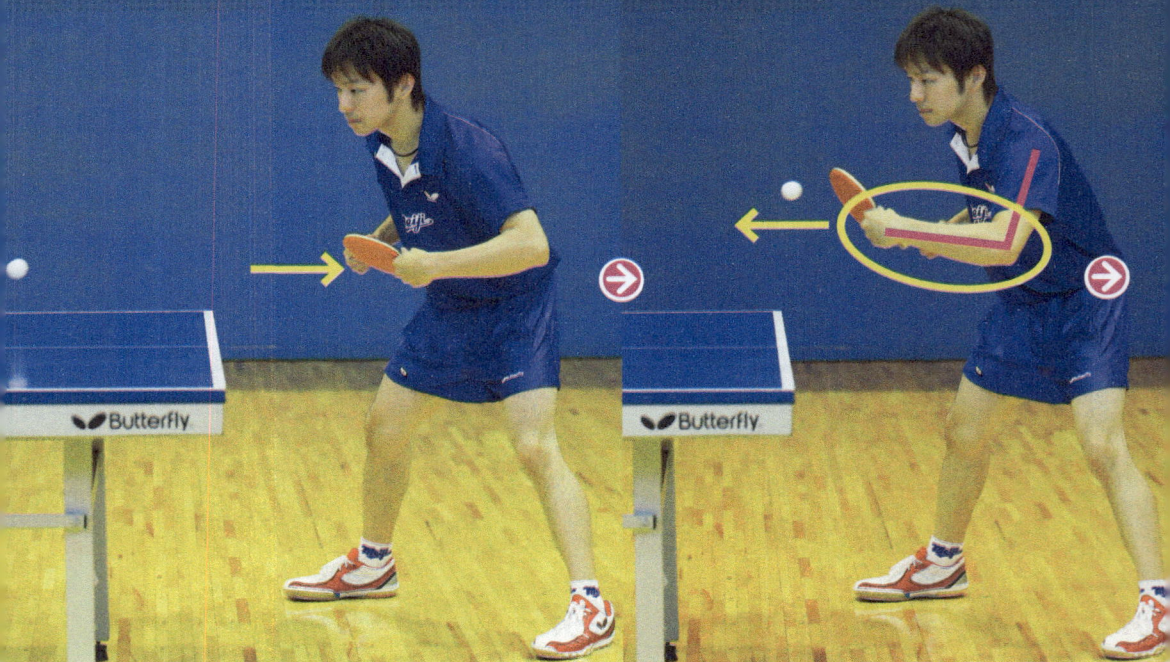

侧面

细 节

回撤球拍

　　击打反手球时容易只使用手臂的力量，这样的话，回球会变得非常无力。所以反手和正手相同，击球之前要做好回撤球拍的动作。因为是在身体前方击球，所以不可能像正手击球一样大幅度后摆，但只要在身体前方将球拍稍稍后撤就可以打出有力度的回球。

细 节

挥动小臂

　　如果手腕的动作过于紧张的话，击球时球拍的角度反而不容易保持稳定，击球的位置也会不同。所以击球时不能过于依靠手腕的动作，而是以小臂为主按照固定的角度击球，练习熟练之后可以逐渐加上手腕的动作。

从侧面的照片可以看到，击球时几乎不使用手腕的动作，而是挥动小臂。球拍正直向前挥动，击打乒乓球的正后方。

细 节

右手握拍的话左脚在前，左手握拍的话右脚在前

　　如果只考虑反手击球的话，右手握拍的话右脚在前，左手握拍的话左脚在前。但是如果采用这种方法的话，击打正手球时非常不方便。所以为了兼顾正反手击球，反手击球时也要保持右手握拍的话左脚在前，左手握拍的话右脚在前的方法。这样的话，无论正反手都可以保持步法一致。

上旋球 1　回击上旋球

　　反手长球和反手上旋球的最大区别就是，长球击打乒乓球的正后方，而上旋要摩擦乒乓球的斜上方。因此上旋是要利用手腕的动作，使乒乓球旋转。如果是远台的话，手臂的摆动可以更大一些。近台的话，身体没有时间摆动，只能将手臂在身前小幅度摆动。我们接下来看一看远台和近台的上旋球的区别。

正面　**近台**

球拍正面朝下　在身前击球

　　反手击球时，球拍摩擦乒乓球的上方是非常关键的，所以可以将球拍平行触球，使用手腕的动作击打旋转球。

远台

球拍大幅后撤　在身前击球

　　远台和近台击球时，球拍的角度是一样的，但是远台时需要用力大幅度挥动手臂，否则无法将球打回到对方的球台。但是击球点依旧要在身体的正前方。如果击球点过于靠后的话，会影响手臂的挥动距离。

击球时乒乓球的运动特征

手臂大幅度摆动

上旋球1　回击上旋球

正面　　近台

球拍要回撤到腹部附近

在近台时，如果球拍过于向后回撤的话，会影响击球的动作。所以回撤时球拍停在腹部前方，球拍的角度接近水平，使用手腕的动作摩擦乒乓球上方，打出强烈的旋转球。如果练习熟练以后，可以稍稍转动腰部，加上腰部的力量击球。总之在近台时，回撤球拍的幅度不能过大。

远台

加大球拍回撤的幅度

转动腰部，给球拍的动作留出空间

在近台击球时，为了能够迅速击球，双脚可以平行站立，或者左手握拍时右脚靠前，右手握拍时左脚靠前。但是远台击球时，为了能将乒乓球打得更远，手部回撤的范围可以加大，而且可以稍稍转动腰部，给球拍的回撤动作留出空间。如果腰部不容易转动的话，可以在左手握拍时左脚靠前，右手握拍时右脚靠前。这样的话更容易倾斜站立，利于身体旋转。

球拍的角度接近水平

大幅度挥动球拍

上旋球 2　回击下旋球

同样是反手的上旋球，接上旋球和接下旋球的打法截然不同。接上旋球时，如果不向下压球拍的话，回球容易出界。接下旋球时，如果不向上挑的话，容易下网。所以回球时要看清乒乓球的旋转方向，随时改变打法。

正面　**弧圈球**

对于对方打来的下旋球，如果球拍的角度和上旋球一样接近水平的话，回球容易下网。所以应该用球拍削乒乓球的下方，击球的位置和上旋球相同，是在身体的前方。为了将球准确地回击到对方半台，可以使用弧圈球的打法。为了保持稳定的击球姿势，身体的重心可以平均放在两只脚上。

用力击球

旋转身体，左肩向前（右手握拍的情况下）

在近台时，也可以利用反手击球来得分。如果回击的球不旋转的话，很容易下网，所以应该使用手腕的动作给回球加上旋转。这就要求转动身体，左手握拍的话将左肩前伸，右手握拍的话将右肩前伸，给挥拍的动作留出更大的余地，从而使用更大的力度挥拍。

击球时乒乓球的运动特征

用力击球　弧圈球

要点
- 削乒乓球的斜下方。
- 使用手腕的动作，回击旋转球。

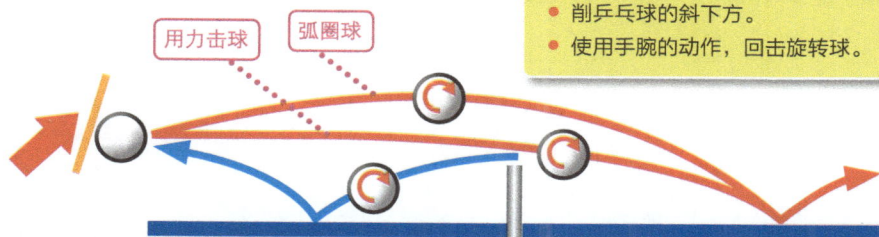

在身体前方击球

球拍向斜上方挥动

使用手腕的动作击球

上旋球2　回击下旋球

侧面

弧圈球

弯曲膝盖

从下方挥动球拍

　　打弧圈球时一般将球向上击打，所以不仅要从下向上挥动球拍，膝盖也要弯曲。击球时，尽量要保持膝盖抬起的动作和挥拍击球的动作同时进行。

用力击球

左肩前伸（左手握拍时）

球拍大幅度回撤

　　为了打出强有力的弧圈球，左手握拍的话左肩前伸，右手握拍的话右肩前伸，并且球拍大幅度回撤，为击球的准备动作留出空间。而且击球时一定要给乒乓球加上旋转。关于手腕摆动的角度，可以尝试一下各种摆动角度，看看哪种角度可以将球快速并且旋转回击。

重心在身体正中

平挡

平挡是一项重要的防守技巧，无论进攻多么犀利，做不好防守的话，就无法在比赛中取胜。反手的平挡和正手平挡相似，如果将对方打过来的快球快速回击的话，很容易失误。所以平挡最重要的就是减缓回球的速度。

正面

击球的瞬间，手腕放松

如果对方打来一个快球的话，接球时容易导致手臂紧张，贸然接球的话会导致出界。最开始练习反手平挡，会感到有些难度。为了减缓回球的速度，击球时手腕一定要放松，利用球拍的弹性将球打回到对方球台。练习熟练之后可以逐渐加上力量，将反手平挡逐渐变为进攻的手段。

击球时乒乓球的运动特征

要点
- 球拍水平击球。
- 扣球时球拍垂直击球。
- 手腕尽量放松。

側面

　　主动使用反手平挡的话，很容易力度过大。如果将臂部的力量减小的话，可以打出一个更有威胁的球。并且最好短时间内判断出对方击球的旋转方式，对方打上旋球的话，球拍尽量平行回击；如果对方打的球没有旋转的话，可以垂直击球。总之，可以灵活地变换球拍的角度。

注意球拍的角度

小幅度挥动球拍

细 节

在腹部前方击球

击打反手球时，无论是长球还是推挡，击球的位置基本上都在腹部前方。如果对方将球打到两个角的话，可以通过移动步法，依旧保持击球的位置在腹部前方，所以球拍的动作基本没有什么变化。接下来就是逐渐加大击球的力量，并且增加旋转，使反手击球变成一种进攻的手段。

搓球

搓球是一种下旋球的打法，通过摩擦乒乓球的下方，使乒乓球反向旋转。击球之前球拍稍稍回撤，球拍的角度保持倾斜，削乒乓球的斜下方。这一点和正手搓球是一样的。

正面

视线向下

在身体正面击球

球拍稍稍后撤

前面我们曾经提到，正手搓球时如果左手握拍，在身体的左前方击球，右手握拍的话在右前方击球。但是反手搓球时，一律在身体的正面击球。如果使用正手击打身体前方的球的话，姿势会非常别扭。但是使用反手的话，肘部可以向外弯曲，具有充分的余地击球。所以正手击球时，往往乒乓球离身体比较远；反手击球时，乒乓球离身体比较近。搓球时，如果身体正直站立的话，不容易看清球的轨迹；应该稍稍下蹲，让视线接近球的平面。

击球时乒乓球的运动特征

要点
- 摩擦球的下方。
- 球拍倾斜削球。

球拍倾斜削球

搓球

侧面

与握拍的手同一侧的脚向前迈步

　　搓球时最重要的就是，通过脚步的移动使身体接近乒乓球。脚步移动时，与握拍的手同一侧的脚首先进行移动。这是因为脚比手的运动范围要大，而且比手更容易接近乒乓球。有些人喜欢先动另一侧的脚，同时使用正手击球，但这样的话乒乓球离身体的距离会比较远。

在手臂伸直之前击球

摆动手臂时，要在手臂完全伸直之前击球。因为手臂完全伸直之后不容易用力，所以要在手臂伸直之前，利用积蓄的力量，才能打出具有攻击性的搓球。

击球之后，手臂立刻停止运动

手臂在击球之后，不应该利用惯性继续运动。如果击球后立刻停止的话，可以增加乒乓球的旋转。

短球

　　直拍的反手短球和横拍的反手短球一样，都是必须掌握的反手基本技巧。直拍的反手短球与横拍的唯一区别是，横拍的反手短球需要挥拍动作，而直拍的反手短球是向前平挡。我们前面提到的反手平挡实际也是反手短球的一种。

正面

腰部稍稍弯曲，右肩后撤（右手握拍时），同时球拍后撤

　　直拍的反手短球和横拍的反手平挡等技巧相同，都是在身体前方击球。握球拍的手和肩膀稍稍向后撤，准备好击球动作，肘部前伸的同时击球。反手短球主要使用的是对方来球的反弹力量，如果加上自己的力量的话，可以成为有效的进攻手段。

击球时乒乓球的运动特征

要点
- 球拍垂直击球。
- 球拍向前推出。

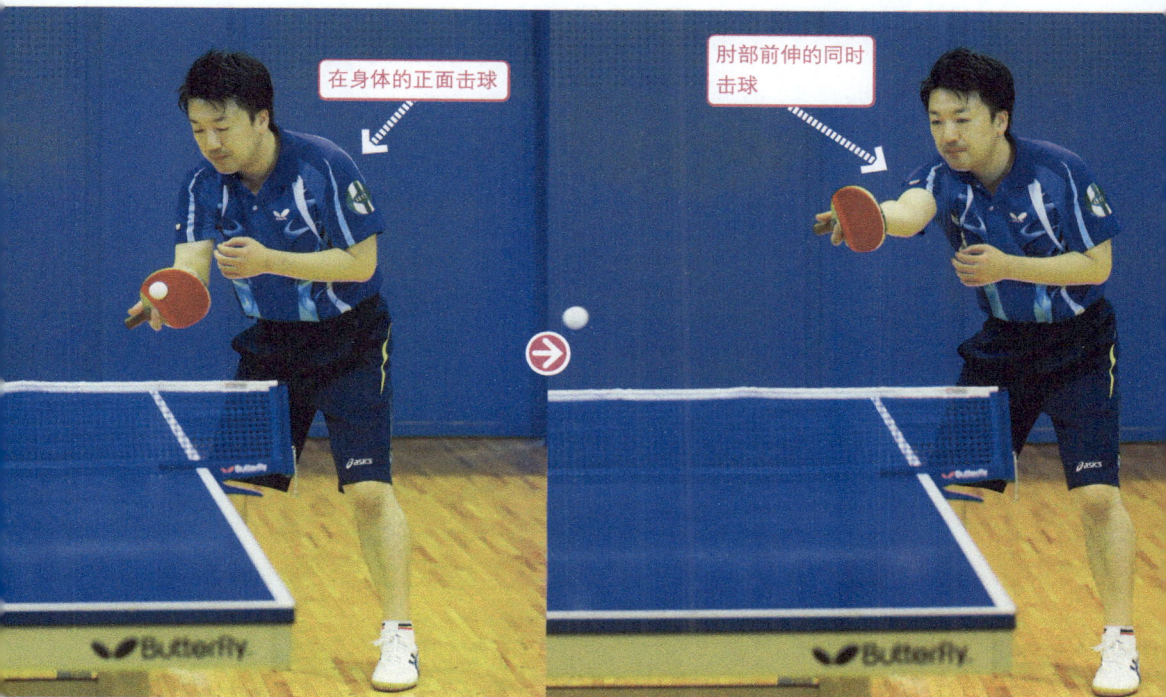

在身体的正面击球

肘部前伸的同时击球

细 节

改变握拍的方法

　　直拍的反手短球和正手的握拍方法稍稍不同。有些人的正手和反手采用相同的握拍方法，但是这样击打反手球时肩部比较费力，而且球拍的正面容易朝上。正确的方法是，食指用力握住拍柄，拇指放松，轻轻搭在拍柄上。这样的话更容易改变球拍触球的角度。

短球

侧面

肘关节后撤

肩部前伸

扭动腰部

　　从侧面的照片，我们可以清晰地了解直拍反手短球的动作。随着握球拍一侧的肘部向后回撤，稍稍扭动身体，为击球积蓄力量。随后通过肘部的动作，向前推动球拍。

通过肘部的动作推动球拍

细 节

反手短球和反手平挡的区别

在反手短球的一系列技巧当中，也包括反手平挡。平挡时必须要吸收对方来球的速度，所以击球之后，手臂不会像短球一样前伸。

推挡

反手短球中最具有攻击性的打法，应该说是反手推挡。推挡时不应该只用臂力向前推，而是使用全身力量，击打出高速的回球。

为了击打出有攻击力的反手球，可以在击球的准备动作当中加大球拍的回撤距离，随后用力推出，这样就可以形成强有力的反手推挡。但是只使用臂部的力量还是有一定的局限性，如果加上摆动身体的力量的话，可以加快回球的速度和力量。从侧面的照片当中，我们可以看到使用反手推挡时的全身动作。

正面

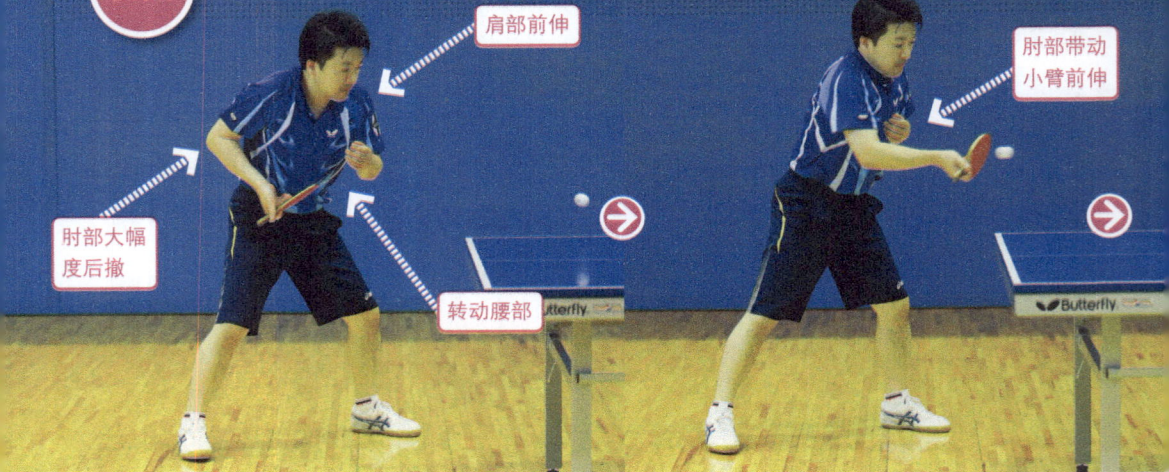

侧面

肩部前伸

肘部带动小臂前伸

肘部大幅度后撤

转动腰部

击球时乒乓球的运动特征

要点
- 球拍垂直击球。
- 球拍向前推出。

全身的力量集中在肘部，推动肘部运动

长球

直拍的反手短球和反手推挡都是在身前击球的技巧，但是反手长球作为进攻的一种方式，和正手长球具有相同的挥拍动作。其最大的特点是以肘部为主、挥动小臂的击球方式。

正面

右肩向前

扭转身体，给挥拍动作留出空间

挥拍动作以肘部为支点

击打反手长球时，小臂的动作不稳定的话，无法准确地用拍面击打乒乓球，所以使用肘部为支点击球的话，回球动作会比较稳定。准备击球时肘部尽量弯曲，以肘部为支点，将小臂向斜上方挥动，随后利用挥动球拍的离心力将球击出。如果挥动手臂的动作不流畅的话，很难打出高质量的反手长球。

击球时乒乓球的运动特征

要点
- 球拍垂直击球。
- 乒乓球不旋转。
- 利用挥动球拍的离心力击球。

球拍向斜上方挥动

长球

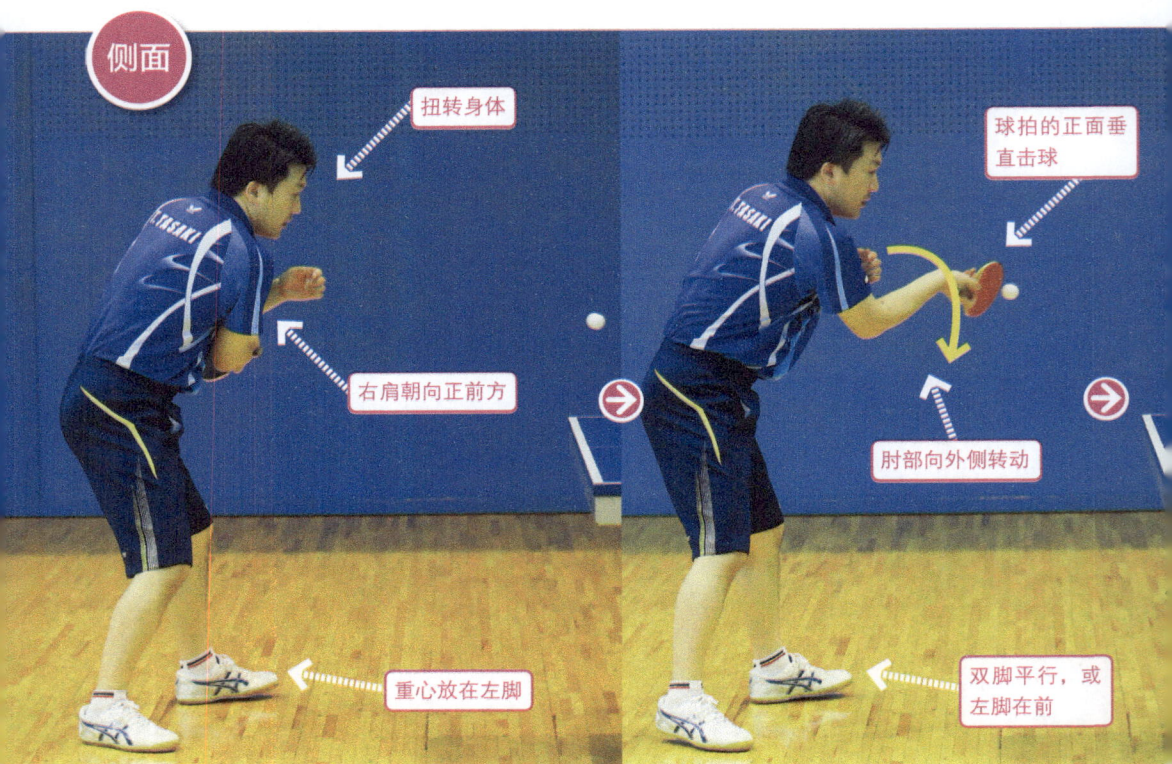

侧面

扭转身体

右肩朝向正前方

重心放在左脚

球拍的正面垂直击球

肘部向外侧转动

双脚平行，或左脚在前

　　击打反手长球时，为了给挥拍的动作留出更大的空间，传统的理念认为应该右手握拍时右脚在前。但是这样的话转为正手击球时非常不方便，所以为了方便正手击球，两只脚可以平行站立，或者右手握拍时左脚在前。但是如果位于远台的话，为了积蓄更大的击球力量，右手握拍时右脚在前对于击球比较有利。

球拍向斜上方
挥动

重心

细 节

转动身体，给挥拍的动作留出空间

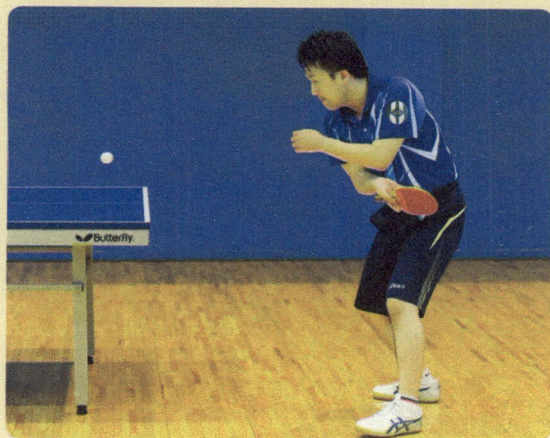

　　击球时，如果只使用手臂的力量的话，不可能具有杀伤力。所以击球时要使用扭转身体的力量。如果右手握拍时，转动身体后右肩向前，身体的重心放在左脚上，击球之后将身体的重心逐渐向右脚转移。

搓球

针对于对方的发球或者下旋球，利用搓球回击是非常有效的方法，直拍和横拍在搓球时的动作基本相同。首先将球拍回撤，做好击球准备动作。随后球拍的正面向斜下方摆动，削乒乓球的下方。不要忘记击球的位置在身体的正前方。

如果只使用手腕的动作让乒乓球旋转的话，非常容易失误。为了打出正确的旋转球，要在击球的一瞬间握紧球拍，甚至球拍有些晃动也可以，这时乒乓球有足够的力量进行旋转。如果对方打一个短球的话，应该迅速向乒乓球的方向迈出一步，主动进行迎击。

正面

视线向下

侧面

击球时乒乓球的运动特征

要点
- 球拍向斜下方挥动。
- 球拍削乒乓球的下方。

在身体的正前方击球

球拍向斜下方削球

长球（背面打法）

直拍的反手击球需要手腕的动作非常灵活，这一点和横拍的反手击球相比，具有明显的不足。因此，为了提高直拍反手击球的威力，诞生了直拍的背面打法。反手的长球可以说是直拍背面打法的基础。

背面打法是使用球拍背面进行击球，此时不需要手腕的翻转动作，而是使用挥动手臂的离心力进行击球。但是采用背面打法时，有必要改变握拍的方法，其他的击球要领和反手长球是一样的。首先通过球拍的后撤动作积蓄力量，击球位置在身体的前方。随后以肘部为支点，挥动小臂击打乒乓球的正后方。请注意上述这几点。

正面　肩部前伸　积蓄力量

斜前方　球拍后撤

击球时乒乓球的运动特征

要点

- 击打乒乓球的正后方。
- 球拍垂直击球。
- 通过后撤球拍积蓄力量。

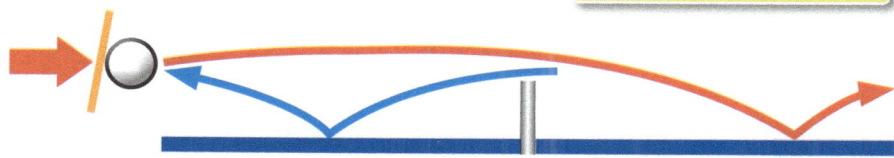

在身体前方击球

挥动小臂

挥动小臂

细　节

改变握拍的方法

　　正手击球时，拇指和食指要同时用力；背面击球时，拇指和背面的三根手指支撑球拍，食指轻轻搭在拍柄上就可以。

上旋球（背面打法）

击球方法和横拍的反手上旋球相同，和反手长球相比，乒乓球向上旋转，击球的力量也更大。击球时球拍倾斜，使用手腕的动作迅速击球。

　　击球的位置和反手击球的位置相同，在身体的正前方，但是身体的转动幅度更大。对于对方打来的上旋球，球拍削球的斜上方；对于对方打来的下旋球，球拍向斜上方击球。两个动作都运用手腕的力量。用力击球时，可以将球拍大幅度回撤，用来积蓄力量。

正面

在腹部前方准备击球的动作

斜前方

手臂向后回撤，为击球积蓄力量

要点
- 摩擦乒乓球上方。
- 球拍斜向击球。
- 通过后撤球拍积蓄力量。

斜向击球

手臂大幅度挥动

斜向击球

日式直拍握法和中式直拍握法

现在，日本采用直拍握法的选手越来越少，但是在韩国还有一些。2004年奥运会乒乓球金牌获得者采用的就是日式直拍。现在中国的直拍握法的选手是水平最高的，当然他们采用的是中式直拍握法。

现在的日本，很多孩子从小开始打乒乓球。因为横拍握法比较容易掌握，所以孩子们刚一接触乒乓球时，往往学习的是横拍握法，横拍握法的选手也就越来越多。

我小的时候，哥哥参加了学校的乒乓球队，而且他使用的是直拍。后来我也对乒乓球开始着迷，自然而然开始使用哥哥的球拍。如果当时哥哥使用的是横拍的话，也许我也会使用横拍的。

曾经有一次教练建议我改为横拍，但是我还是喜欢直拍。因为当时日本的优秀选手大多使用直拍，在电视上看到这些选手使用直拍时，觉得他们特别酷。

在1989到1990年左右，直拍的发展已经遇到了一个瓶颈。这之前，很多中国的直拍选手取得了非常好的战绩，但是当时著名的瑞典选手打破了中国选手不败的神话，而且使直拍选手处于了劣势。

在1992年到1993年左右，中国的选手开发了直拍的反面打法。这样，直拍的反手进攻也可以达到和横拍相似的效果，从此中国式直拍得到了进一步推广。

我希望日本能够出现更多的优秀直拍选手，无论是日式还是中式，希望更多的乒乓球爱好者感受到直拍的魅力。（田崎俊雄）

第 3 章

乒乓球的基本技巧

基本姿势

　　所谓的基本姿势指的是对于任何来球都便于回击的站姿。其中最重要的就是双脚的间距。如果双脚站立时双脚的间距过大的话，身体的稳定性更好，但是移动比较慢。如果双脚的间距过小的话，身体便于移动，但是稳定性不足。所以双脚的间距比肩稍宽，右手击球的话，左脚向前迈半步。这样的话，移动更加迅速，而且易于正手进攻。

球拍的位置稍稍
高于球台

双脚间距比肩稍宽

体重均匀地放在
双脚上

　　为了更加便于移动，可以将膝盖稍稍弯曲，身体重心稍稍前倾。但是背部不能弯曲，背部弯曲的话不容易发力。要在身体保持正直的同时前倾。为了能迅速回球，球拍的位置可以稍稍高于台面。而且为了便于正手和反手回球，球拍要放在身体正前方。

照片中是错误的例子。首先球拍的位置过低，这样会来不及接球。其次上身过于弯曲的话会阻碍身体的摆动，不能打出有力的回球。

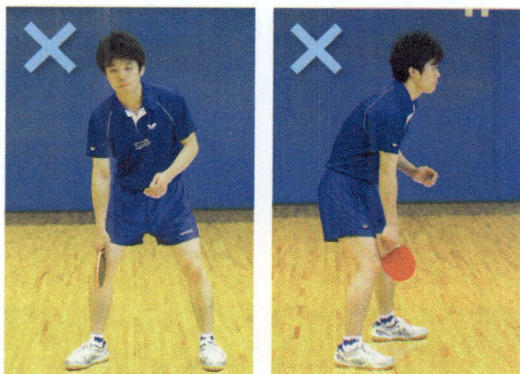

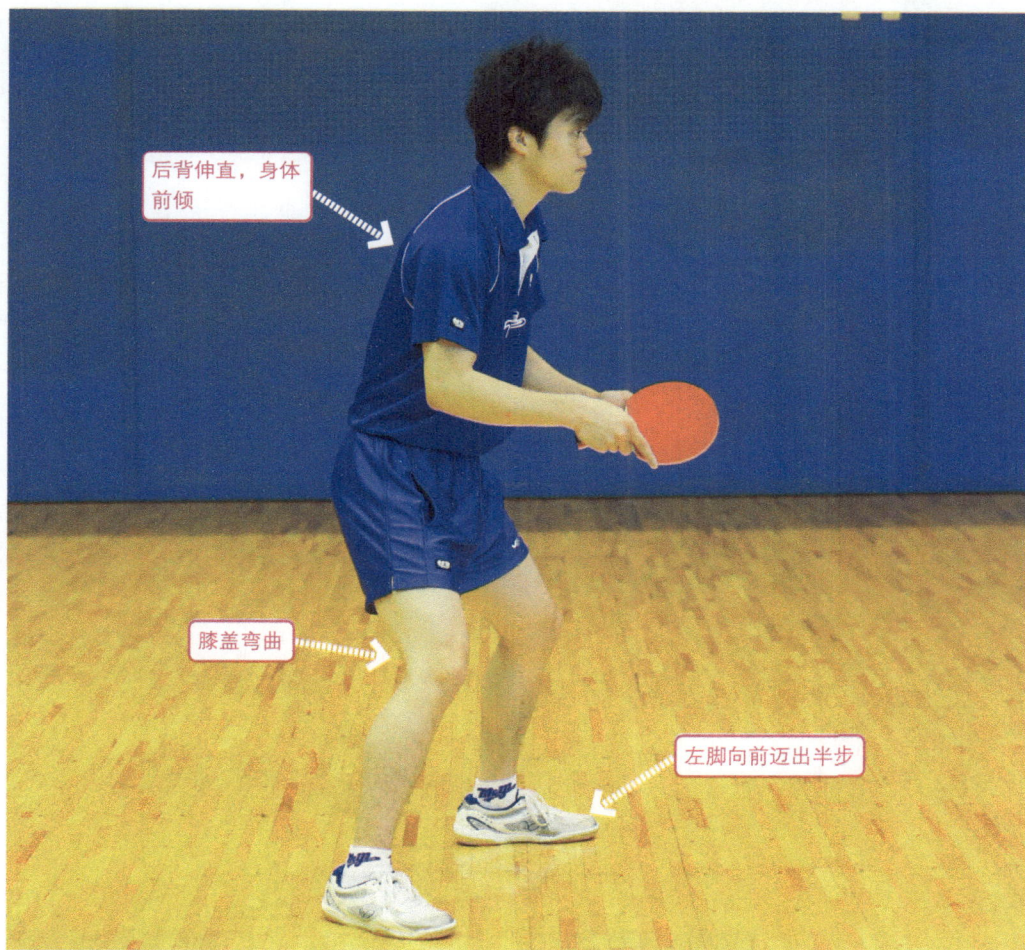

后背伸直，身体前倾

膝盖弯曲

左脚向前迈出半步

三步移动

为了能对来球迅速作出反应，需要灵活迅速的步法。接下来我们介绍三种乒乓球常用的步法。其中，移动范围最大的就是三步移动。首先向乒乓球的方向移动第一步，随后另一只脚跟随前脚移动第二步，最后前脚移动第三步。

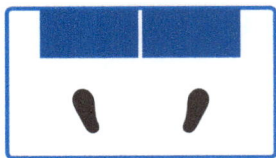

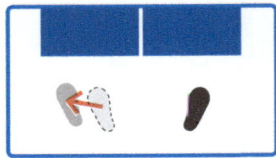

第一步

拉近右脚之后，重心随后移动到右脚，左脚准备移动。

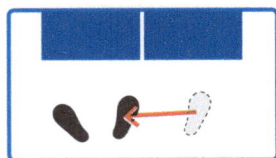

第三步

左脚迅速移动第三步，扭转身体，准备击球。

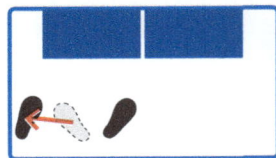

第一步的幅度要小

如果第一步的幅度过大的话，另一只脚跟进的动作需要更长的时间。如果第一步比较小的话，可以根据乒乓球的位置不断调整第二步和第三步的大小。

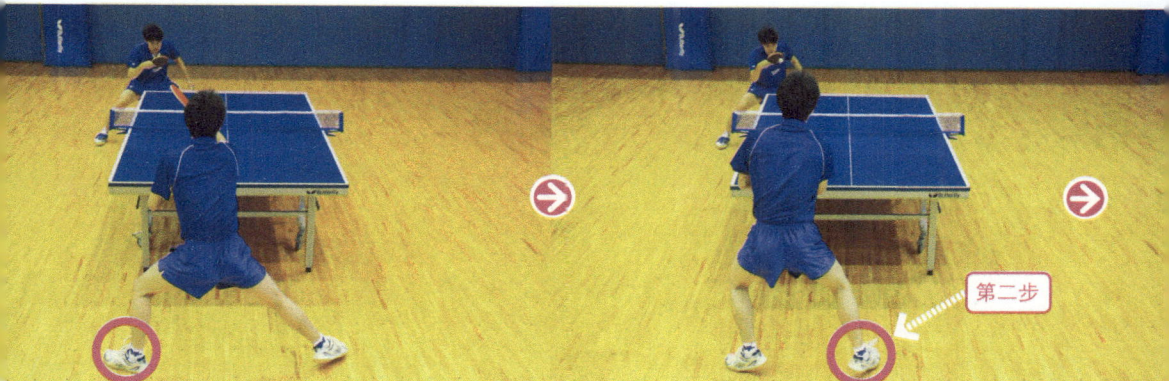

将重心移动到左脚。

以左脚为支点，拉动右脚迈出第二步。

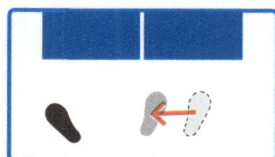

后撤球拍，重心放在右脚。

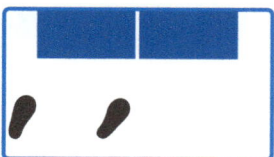

击球的同时，重心移动到左脚，以左脚为支点，准备迈右脚。

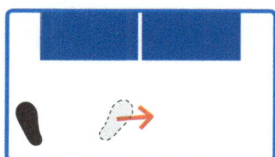

两步移动

　　如果三步移动的幅度和乒乓球台的宽度相同的话，需要移动乒乓球台的一半宽度时，可以使用两步移动的方法。两步移动时首先移动的是离乒乓球远端的脚，随后另一只脚横向移动。这种方法比三步移动要灵活。

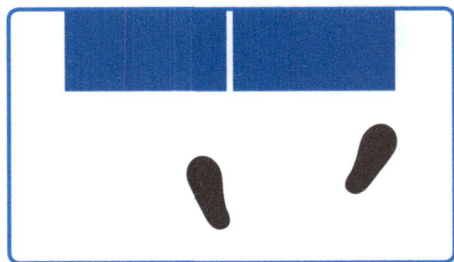

第一

正手击球之后，重心移动到左脚。

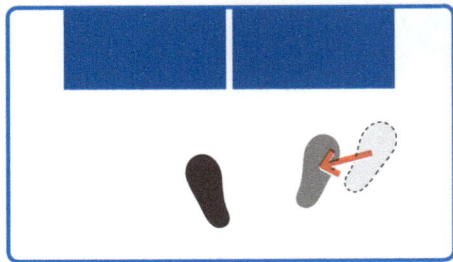

重心完全移动到左脚以后，拉近右脚迈出第一步。

第二步

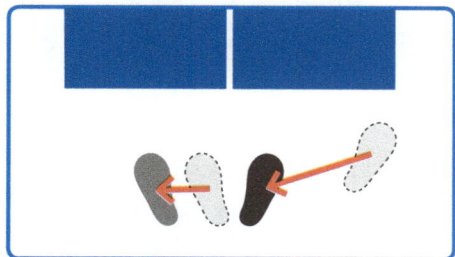

将重心移到拉近的右脚，随后准备迈出左脚。

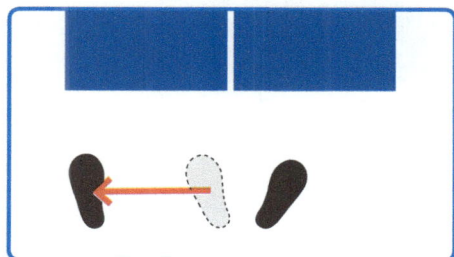

重心没有完全转移到左脚之前迈出左脚，准备击球。

一步移动

当两步移动来不及击球时，可以使用向乒乓球的方向移动一步的方法。向右移动时右脚迈一步，向左移动时左脚迈一步。

正手击球

迈一步

重心放在左脚，右脚准备迈出一步。

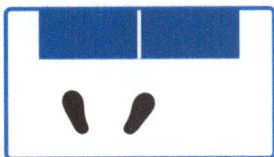

左脚用力蹬地，一边准备击球的动作，一边大幅度迈出右脚。

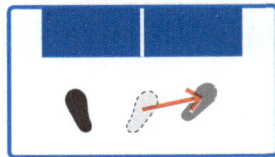

反手击球

迈一步

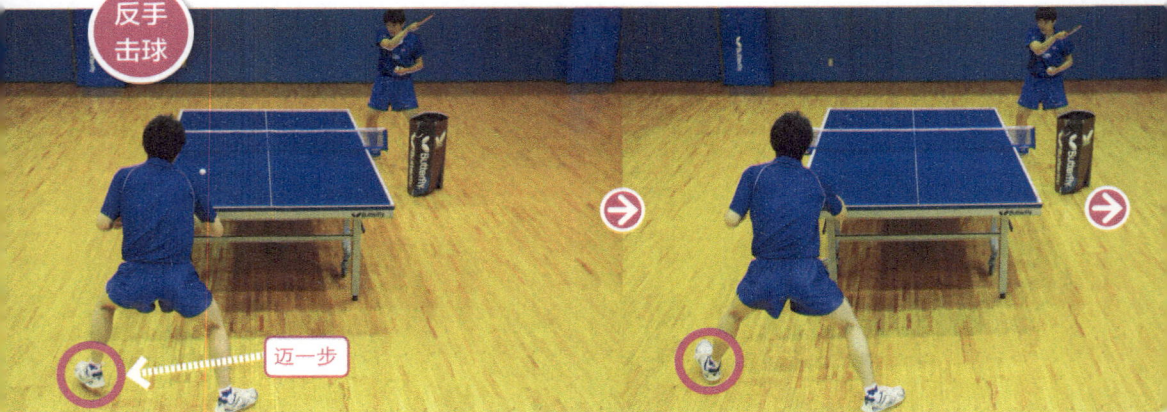

以右脚为支点，迈出反手方向的左脚。

准备击球动作，重心开始移动到左脚。

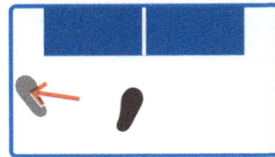

重心向右侧移动的同时，进行击球。

重心完全移动到右脚以后，拉动左脚移动。

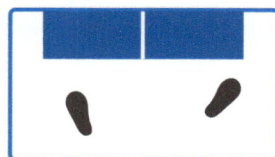

重心完全移动到左脚以后开始击球。

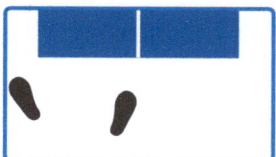

左脚用力蹬地，准备下一次接球。

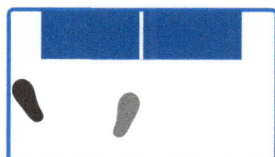

前后移动

前后的脚步移动主要使用的也是三步移动的方法，如果需要快速移动时也会使用一步移动。在练习前后移动时要以实战为基础，在近台时移动的幅度要小，在远台时可以大范围移动。如果身体一边向后退一边击球的话，动作非常难以保持稳定。理想的方法是，从后向前移动的同时进行击球。

向前迈一步

这里采用了三步移动。以右脚为支点，左脚迈出第一步。

迈步时利用身体的惯性进行击球。

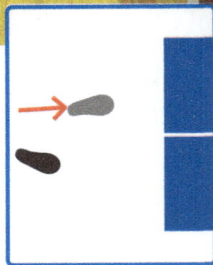

第三步

左脚迈出第三步，形成左脚在前的基本姿势。

向后退一步

击球后重心放在左脚，右脚向后撤。

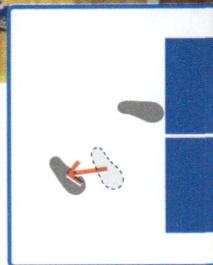

击球后将重心移到迈出的左脚。

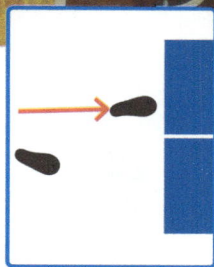

第二步

将右脚前拉，迈出第二步，随后左脚准备再次迈步。

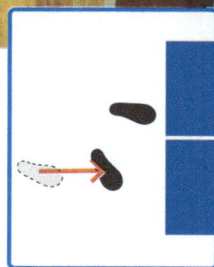

左脚用力蹬地，右脚落地以后，将重心移动到右脚。

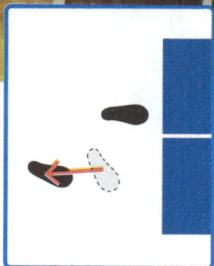

第三步

第二步

拉近左脚，将重心移动到左脚，随后右脚后撤。

侧身抢攻

侧身抢攻指的是，原本应该反手击球，但是通过身体的侧向移动变为正手击球。由于身体侧向移动之后，正手出现了大范围的空当，如果回球的力度不足的话，正手容易受到对方的攻击。所以身体侧向移动之后，往往连接着扣球。

侧身抢攻中最重要的是，身体在侧向移动的同时准备击球的动作。如果在侧向移动时身体的前方一直保持向前的话，准备击球会花费更多的时间。因此，移动时应该从臀部开始带动身体旋转。首先左脚迈一小步，随后臀部带动右脚进行旋转，身体自然会调整到适合击球的角度。随后重心从右脚移动到左脚的同时，左脚跨出一大步，右手用力击球。这一系列的步法中最关键的是右脚，如果右脚在旋转时跟进的范围比较小的话，起不到帮助转身的作用。

左脚跨出一小步

臀部带动身体运动

重心放在右脚

一只手放在乒乓球台上，进行转身练习

大幅度拉动右脚

以左手为支点，练习转身

学习侧身抢攻时，可以将左手按在乒乓球台上，以左手为支点，进行身体的转动练习。身体的动作以左手为中心，进行圆形运动。要点是右腿要迅速靠近左腿。

右腿迅速靠近左腿

迈出左腿

用力击球

重心移动到左腿

大跨步接球

　　大跨步接球指的是，接对方突然打来的正手球时，本方要进行大跨步跳跃，随后将球击回。如果横向平行移动的话，往往赶不上接球，所以很容易向斜后方迈步。因此最佳的方法是向斜前方大跨步击球，这样才能掌握最好的击球时机。

以第一步为支点，进行大跨步跳跃

扣球

大跨步接球的步法可以使用三步移动的方法。第一步横向迈出，如果右手握拍的话，右脚横向迈出。如果第一步向斜后方迈出的话，身体也自然向后旋转。随后以第一步迈出的脚为支点，进行大跨步跳跃，尽量在最高点击球。随后依次迈出第二步，第三步。

横向迈出第一步

第二步

第三步

近台，中台，远台

关于乒乓球的打法，大家经常会听到"近台快攻型"这个说法。这里提到的近台，主要指的是选手所站的位置。

身体贴近球台的位置可以称为"近台"。稍稍向后退，而且经常使用旋转球的位置称为"中台"。削球型选手进行防守的位置被称为"远台"。

但是这3个名词只是用于区分乒乓球的打法，并不是说一个选手只能站在固定的位置。各种不同的打法，都有适合自己的站位。

近台

大约1米以内

中台

1到2米

远台

2米以上

第 4 章

削球技术

正手削球

削球指的是，在远台通过下旋球对对方打来的球进行回击的一种防守方法。通过削球，可以抵挡对方的进攻，导致对方失误，趁机转化为进攻。削球打出的不仅是下旋球，而且为了让对手无法还击，要尽量打出富于变化的旋转球。

打削球时的姿势比较独特，球拍从上方向斜下方削球时，不仅要使用臂部的力量，而且膝盖要配合臂部的动作。右手握拍时左肩向前，右侧的腰部向后收。挥动臂部的动作和扭转腰部的动作要同时进行，身体的重心要从右脚转移到左脚。

斜前方

左肩前伸

腰部后撤

重心放在右脚

球拍向斜下方削球

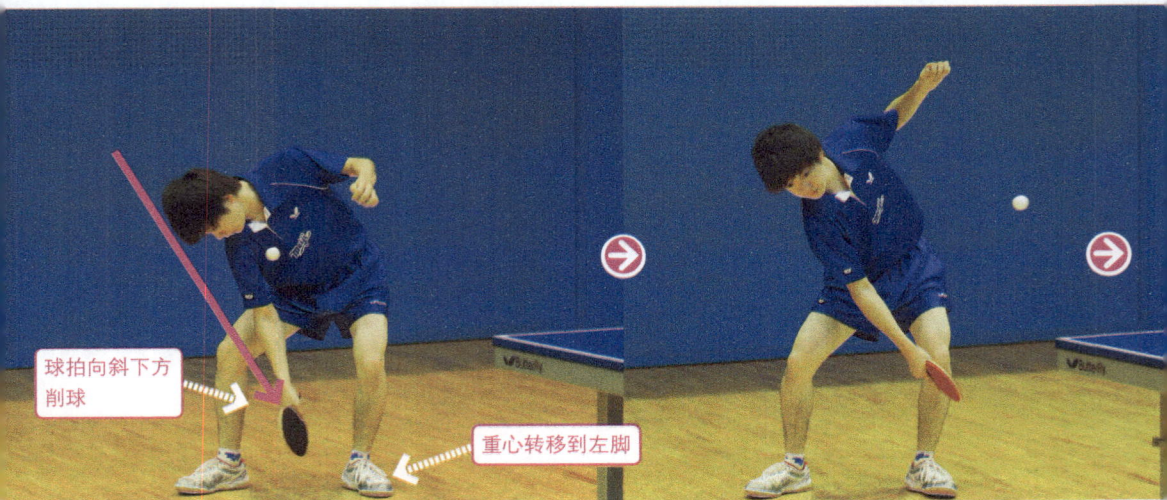

重心转移到左脚

击球时乒乓球的运动特征

要点
- 球拍的正面朝向斜上方。
- 球拍向斜下方挥动。
- 击打下旋球。

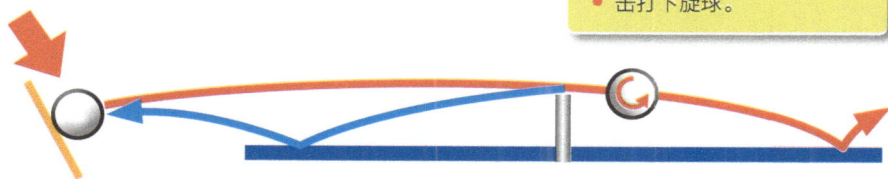

膝关节的动作
要灵活

正手削球

左脚在前

左脚在前更便于转动身体，给挥拍的动作留出更大的空间，而且更容易随时调整身体的姿势。

侧面

向后挥拍的位置到达头部附近

身体稍稍前屈

手腕从头部的位置向斜下方挥动

准备击球的动作时，球拍要挥到头部附近的高度。随后球拍向斜下方削球，击球点在乒乓球的斜下方，使乒乓球向后旋转。如果球拍击球的角度过于垂直的话，无法打出高速的旋转球。所以最初练习时，也许会把回球打得很高，但是没有关系，只要能打出旋转球就可以。

细 节

因为对方来球的速度比较快，所以准备接球时，离乒乓球台要留有一定距离，而且身体要下蹲。但是离球台越远，将球打到对方球台的难度就越高，所以要努力学好基本的击球姿势，掌握击球的角度。首先应该在无球的状态下练习正确的姿势，其次要进行大范围的步法移动，特别是要提高瞬间的爆发力，这就要求选手必须具有充沛的体力。

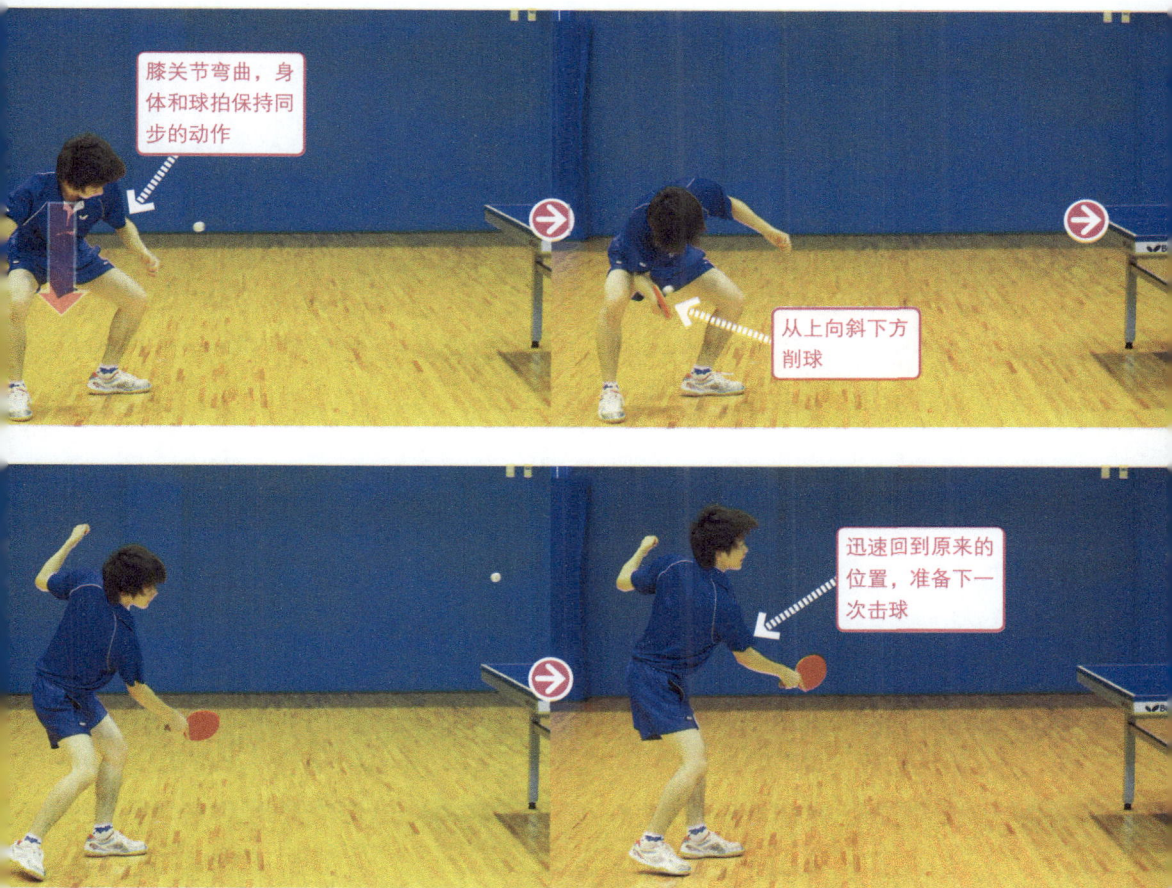

膝关节弯曲，身体和球拍保持同步的动作

从上向斜下方削球

迅速回到原来的位置，准备下一次击球

反手削球

反手削球和正手削球不同，球拍的回撤要达到一定的高度。如果右手握拍的话，右肩应该向前，随后将球拍尽量抬高。

为了将球拍回撤时尽量抬高，首先应该将弯曲的肘部尽量抬高，最好将球拍抬到和头部相同的高度。反手挥拍时，手臂的摆动非常重要。应该以肘部为轴心，尽量挥动小臂。

斜前方

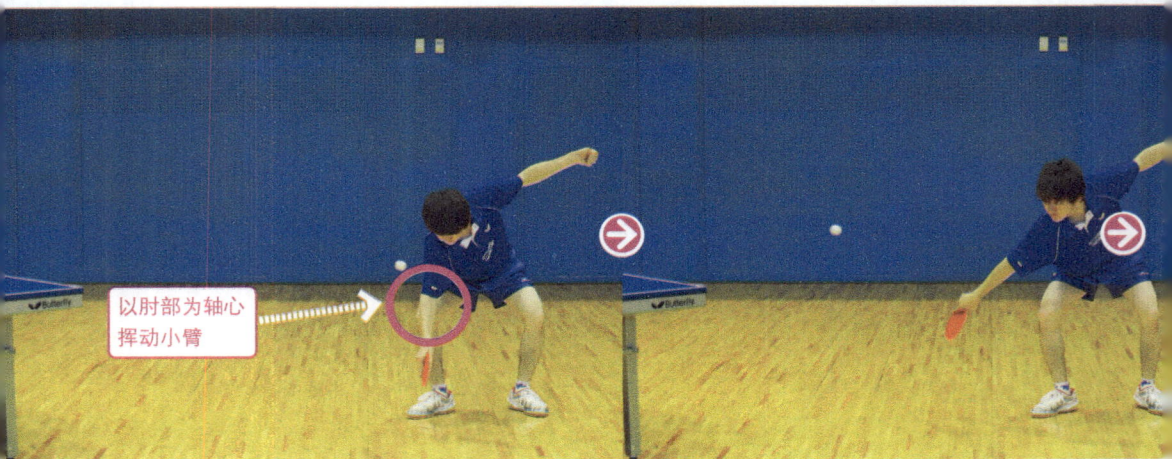

以肘部为轴心
挥动小臂

击球时乒乓球的运动特征

要点
- 球拍的反面向上。
- 从上向斜下方挥拍。
- 击打下旋球。

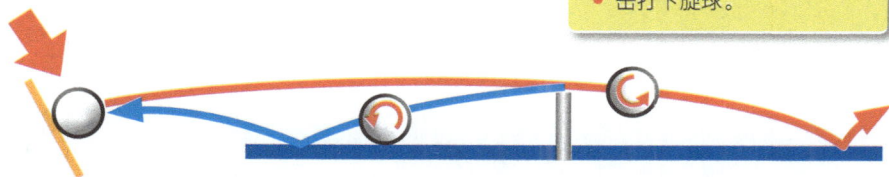

右肩向前

球拍回撤的位置在头部附近

从肘部开始摆动

反手削球

正手击球时右手握拍的话左脚在前，但是反手击球时是右脚在前。回撤球拍时重心放在左脚，挥拍的同时重心向右脚转移。完成击球之后，身体恢复基本姿势。

侧面

右脚在前

重心在左脚

重心转移到右脚

恢复基本姿势

左右移动

兵乓球步法的基本特征是，迅速向乒乓球移动并且击球。特别是削球型的选手，由于站位往往离球台比较远，所以移动的步法往往也比较大。而且为了更有效地回球，要提前判断对方的球路，提前迈动脚步。

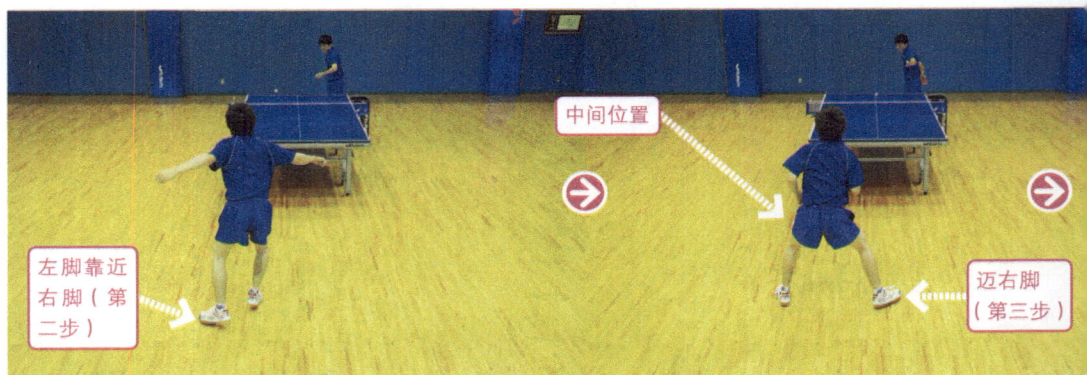

右脚向前迈一步

中间位置

迈右脚（第三步）

左脚靠近右脚（第二步）

首先我们练习向两侧的有规则的运动，随后再进行实战性的步法练习。这里主要使用的是三步移动的方法，根据情况也会用到两步移动或一步移动。下面的照片就是三步移动的动作，要点是击球后要迅速回到原位。照片中的动作从球台的左侧开始，右脚迈出第一步之后反手击球，随后左脚迈出第二步，右脚迈出第三步，身体回到原位。另一种步法是右脚向右侧迈出一小步，第二步将左脚拉近，右脚迈出第三步后正手击球。随后用右脚的力量回归原位。

反手击球

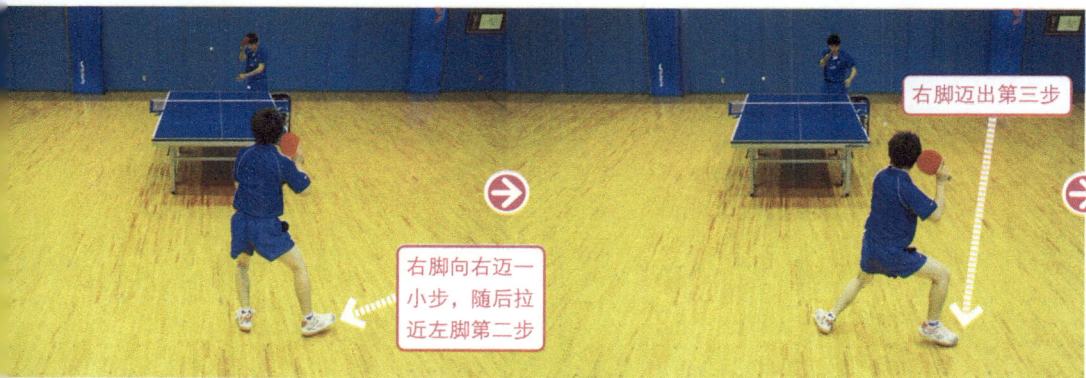

右脚迈出第三步

右脚向右迈一小步，随后拉近左脚第二步

做好击球的准备

回归原位

削球时的步法❷

前后移动

　　由于削球打法离球台比较远，所以前后的步法移动非常重要。因此，练习的内容主要分为正手短球连接反手长球以及正手长球连接反手短球这两项。我们首先对正手短球连接反手长球的步法进行解说。

向前移动

左脚迈出第一步

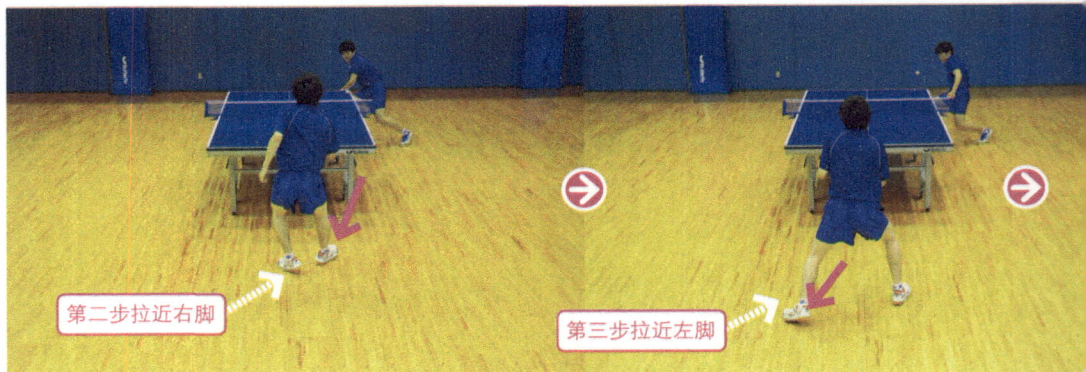

第二步拉近右脚

第三步拉近左脚

击球之后左右脚回到原位

这是前后移动步法的基本方法。首先击打正手短球，随后击打反手长球。向前移动时使用两步移动的方法，向后移动时使用三步移动的方法。正手击球时，从中间位置先迈左脚，然后迈右脚，最后击球。随后使用三步移动向后撤，击球之后先收左脚，后收右脚。

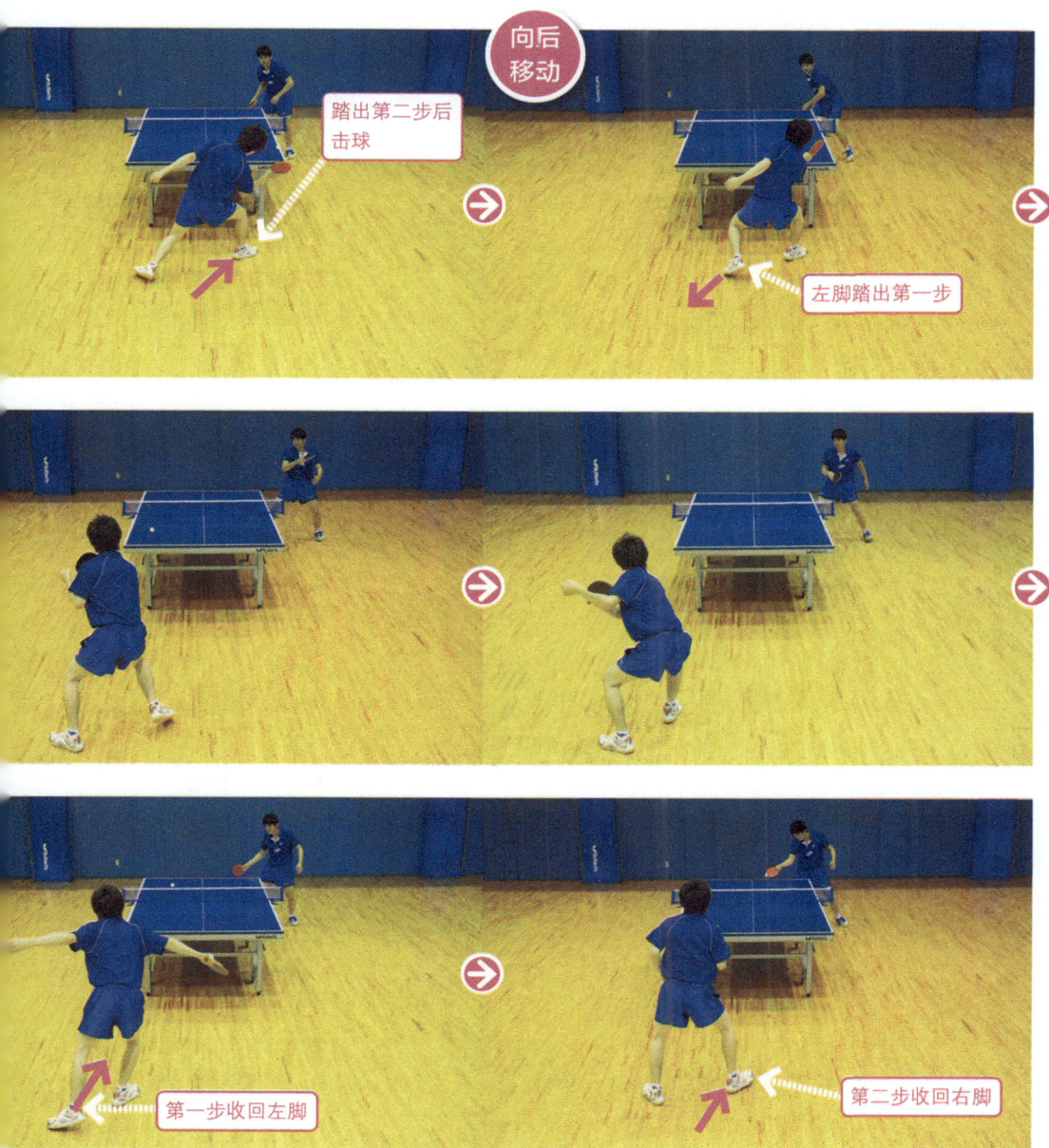

向后移动

踏出第二步后击球

左脚踏出第一步

第一步收回左脚

第二步收回右脚

乒乓球旋转和弹跳的方向

如果用球拍击回击一个对方打来的旋转球的话，乒乓球不是向上旋转就是向下旋转，几乎不会径直打回到对方的球台。如果不能理解旋转球的球路以及旋转的方向的话，就不能很好地将球打回到对方的球台。

回击对方的削球时，因为削球属于下旋球，所以回球容易下网。如果使用上旋球的方法回球的话，挥拍的方向尽量要向上。

回击对方的上旋球时，回球容易向上弹，从而导致出界。所以回球时尽量将球拍倾斜，瞄准球网的上沿回球。

上旋球的旋转方式

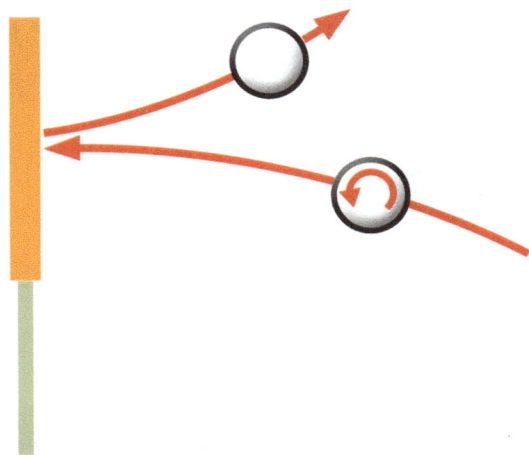

下旋球的旋转方式

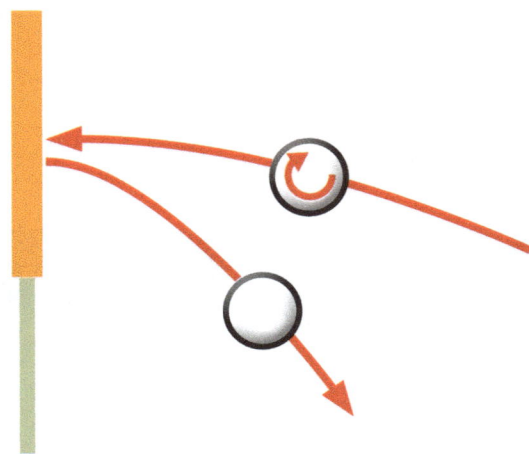

112

第5章

发球和第三板进攻

发球的目的

　　发球是乒乓球运动当中唯一不用顾及对方的来球、可以将球打到对方球台随意位置的技术。如果发了一个高质量的球的话，可以打到对方出其不意的位置，使对方击球的动作变形，这样的话第三板就可以向对方发起进攻。所以，在发球之前就应该考虑到让对方的回球便于自己的第三板进攻。

发球是进攻的序幕

　　发球可以不受对方影响，将球打到对方球台的任意位置。如果自己拥有发球权的话，最理想的情况就是通过发球直接得分。如果不能通过发球直接得分的话，可以考虑在第三板进行抢攻。这是比较常用的进攻方法。除此之外，通过一个高质量的发球打乱对方的回球部署，也是常用的方法。

　　此外，通过发球使对方的回球便于自己进行攻击也是很重要的。所以，发球时头脑中就要考虑第三板或者第五板的进攻方式。

如何使用长球和短球

　　如果发长球的话，乒乓球第一次弹跳的位置应该离自己比较近。如果第一次弹跳的位置离球网近的话，往往容易出界。如果发短球的话，第一次弹跳的位置应该离球网比较近。因为短球往往比较慢，如果第一次弹跳的位置离球网比较远的话，乒乓球容易下网。

　　此外，无论是发长球还是发短球，都不能让对方识破发球的动作。

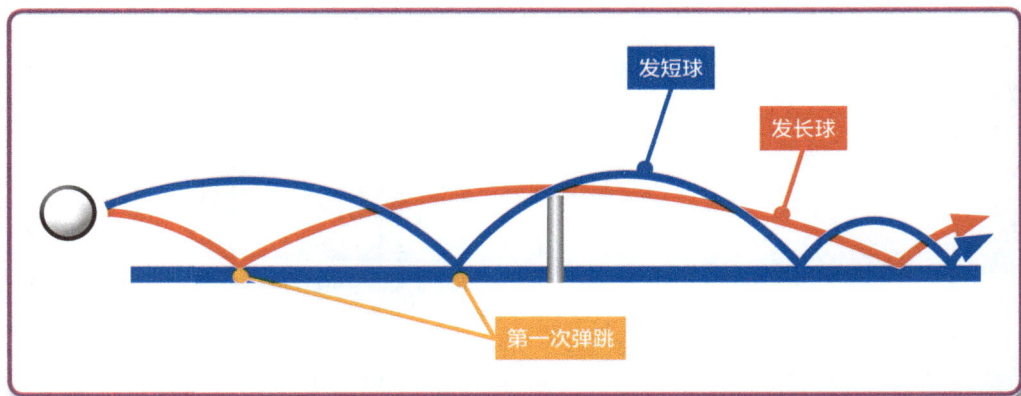

发一个对方不容易回击的球

　　如果发出的球离对方的身体比较远的话，回击是有一定难度的。所以打到对方的正手的话，离对方的身体比较远，对方必须进行大范围的步法移动。

　　此外，将球打到对方最薄弱的位置也是很重要的。如果是一场5局制的比赛的话，可以通过第一局了解对方的打法和球路，甚至弄清对方的身体状况，这些信息的收集对于接下来的比赛是非常重要的。

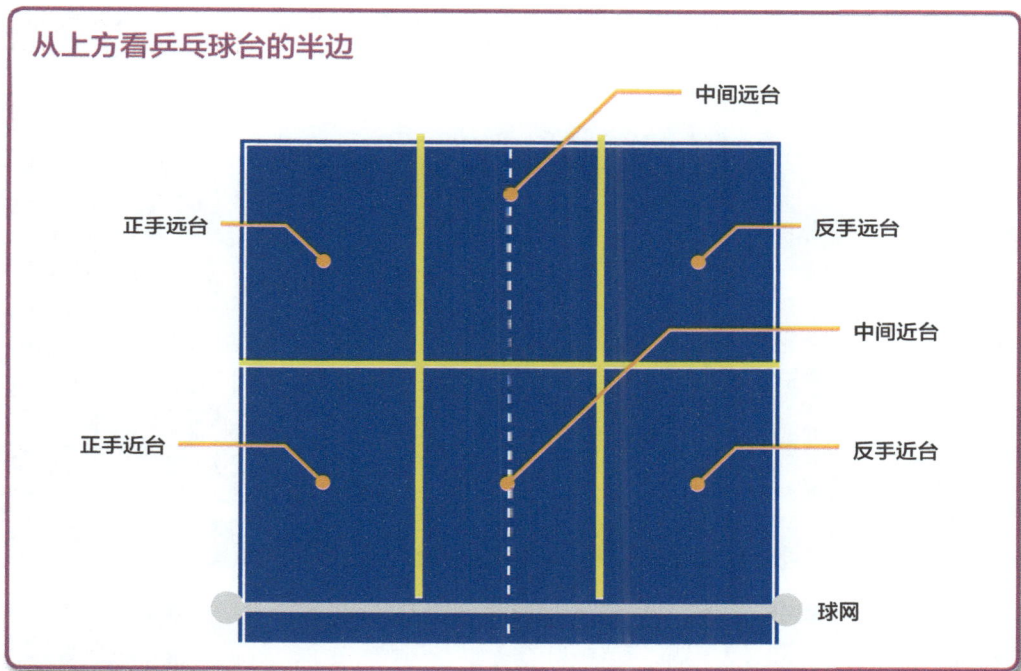

从上方看乒乓球台的半边

中间远台

正手远台

反手远台

中间近台

正手近台

反手近台

球网

为了进行高质量的发球

　　在发球当中，我们经常结合各种技巧，将发球的威力发挥得淋漓尽致。

　　如果将正手和反手、长球和短球有效地结合在一起的话，对方很难弄清乒乓球的落点。并且，如果将下旋球和上旋球的发球动作进行统一的话，就能够很好地迷惑对手。如果大家可以将不同的球路以及不同的旋转方式融合在一起的话，可以将发球变为更好的得分手段。

下旋球

　　下旋球可以说是最基本的发球方法，如果打出一个高质量的下旋球的话，对方接球时很难立刻发起进攻。下旋球的特点是球拍摩擦乒乓球的下方，使球发生强烈的旋转。动作要使用小臂、手腕以及手指。发一个下旋球以后，对方往往会使用搓球进行回击，因此可以利用上旋球进行第三板进攻。

以肘部为支点挥动小臂，并且加上手腕的动作

发下旋球要利用肘部、小臂和手腕的动作，并且球拍要摩擦乒乓球的下方。击球时如果使用球拍的远端击球的话，可以利用球拍的离心力打出更强的旋转。如果使用球拍的近端击球的话，旋转性稍差。因此，虽然使用同样的动作，球拍击球的位置不同的话，可以打出不同效果的下旋球。

球拍水平削球

细节

球拍的角度与乒乓球的旋转

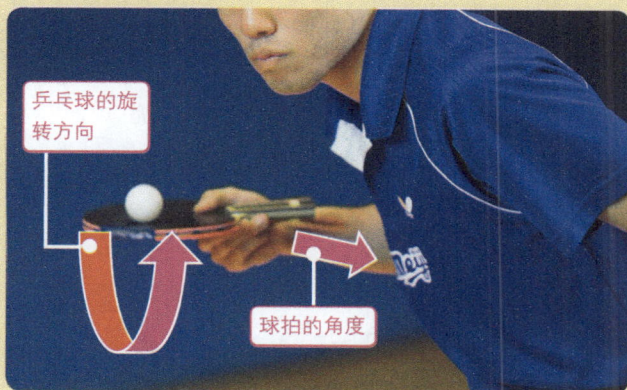

乒乓球的旋转方向

球拍的角度

右手握拍的话往往在时钟指针的5点到6点位置进行削球，如果在7点位置进行削球的话，乒乓球虽然可以旋转，但是向前运动的速度会减弱。挥拍时球拍的正面向上，从身体的右侧向左侧挥动（右手握拍时）。

侧旋球

　　击打侧旋球时，球拍的前端向下，挥拍的动作像钟摆的摇摆动作一样。因此，发侧旋球的难度稍高一些。使用横拍的话，发侧旋球时可以不使用手腕的动作，而且对方回球往往是长球，容易在第三板转为进攻。所以发球时可以连续发下旋球后插入侧旋球，对方错误使用搓球回球的话，容易回球过高，从而给本方提供进攻的机会。

以肘部为支点，挥动小臂

球拍的运动好似钟摆

因为发侧旋球时要击打乒乓球的侧面，所以要以肘部为支点，从身体的右侧向左侧挥动小臂，在身体的正前方击球。随时调节肩膀的位置，可以使击球变得更容易。为了让乒乓球的运行轨道成为一条弧线，要加强乒乓球的旋转。

在腹部的前方击球

球拍的角度与乒乓球的旋转

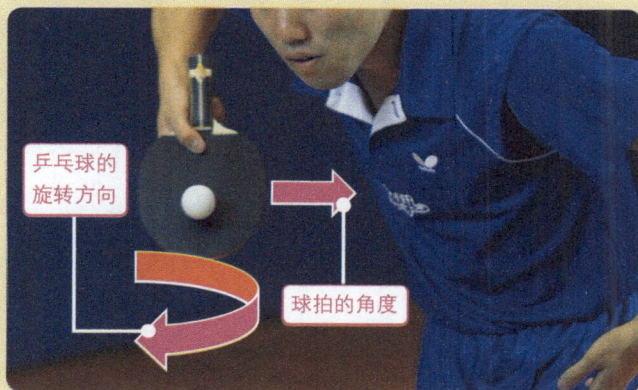

乒乓球的旋转方向

球拍的角度

　　打侧旋球的特点是，将球拍向下，以肘部为支点，使用小臂的动作进行击球。如果右手握拍的话，要削乒乓球的左侧，乒乓球的运行轨迹会向右侧画一条弧线。

侧下旋球

作为下旋球和侧旋球两种发球方式的混合应用，可以将球拍的倾斜角度调整为介于下旋球和侧旋球之间，这样击出的球可以称为侧下旋球。

以肘部为支点，
挥动小臂

掌握了上旋球和侧旋球的发球动作以后，发出侧下旋球就会比较简单。侧下旋球摆动小臂的动作和上旋球、侧旋球相似，只是要适当地调整球拍的倾斜角度。如果在比赛中使用了大量的下旋球和侧旋球，突然打出一个侧下旋球的话，会改变乒乓球的运行轨道，可以起到迷惑对手的作用。

球拍向侧下
削球

细 节

球拍的角度与乒乓球的旋转

球拍的角度

乒乓球的
旋转方向

由于击打的是乒乓球内侧的下部，所以给向右旋转的乒乓球加上了向下旋转的动作。通过球拍击球角度的微妙改变，可以给发球带来更多的变化。

上旋球

摩擦乒乓球的后侧可以使球向前旋转，这也是上旋球的一种方式。如果在发球中已经打了很多下旋球的话，突然发一个上旋球是非常有效的。

肘部向上拉

发上旋球的关键是肘部要迅速上拉。如果发下旋球或侧旋球的话，对方往往采用搓球来回击。因此，利用对方的错觉，突然打一个上旋球，也许会获得一个得分的机会。而且将上旋球和下旋球的动作统一的话，能够更好地迷惑对手。

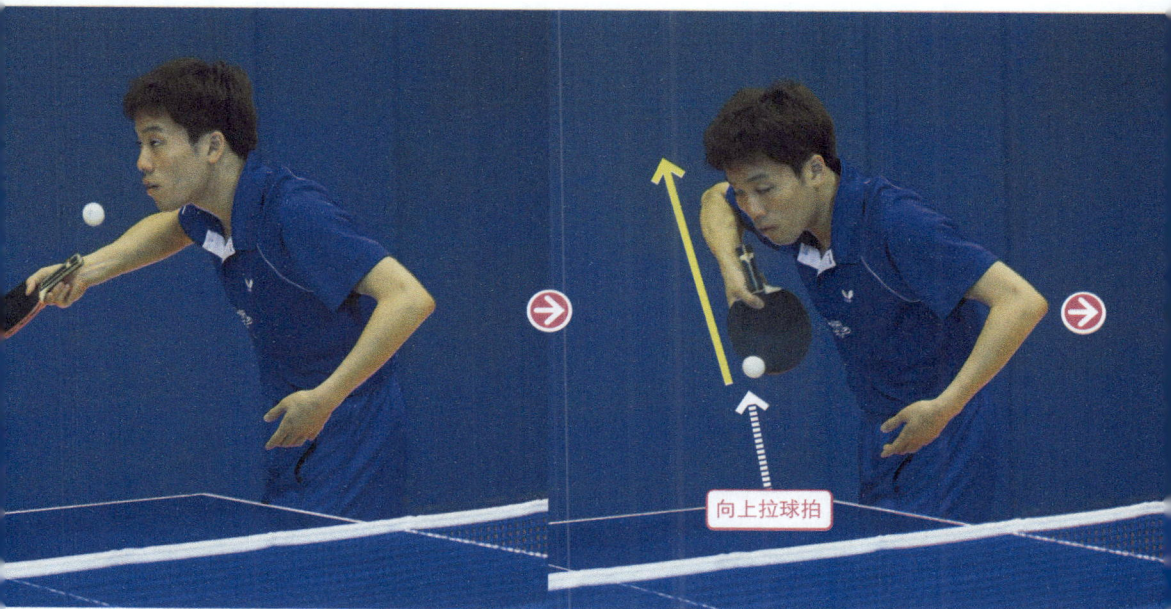

向上拉球拍

细 节

球拍的角度与乒乓球的旋转

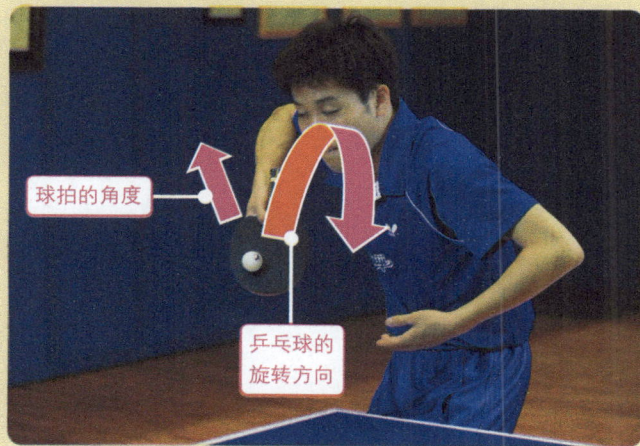

球拍的角度

乒乓球的旋转方向

球拍的正面朝着对方，通过提起球拍的动作摩擦乒乓球的后侧，从而得到向前旋转的效果。

不转球

所谓的不转球指的是不旋转的球。其实并不是发球完全不旋转，而是稍稍有些下旋的球经过和球台接触以后停止了旋转。如果发不转球时和发下旋球的动作一样的话，对手容易误认为是下旋球，从而容易回球过高。

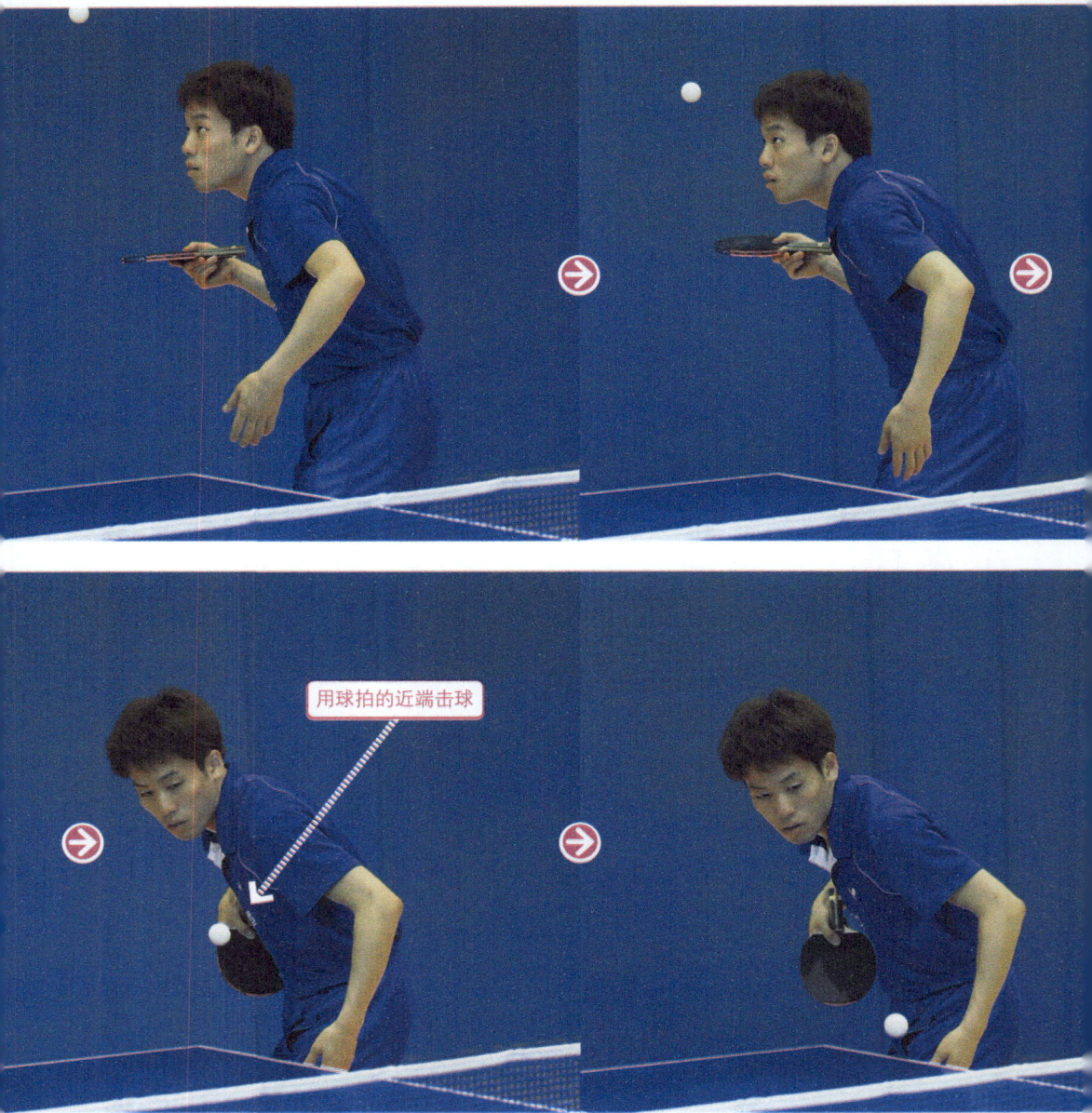

用球拍的近端击球

不转球和下旋球的发球动作一样，只是球拍击球的部位不同，从而导致球的旋转方式不同。因为对方不容易识破二者的区别，所以在比赛中混合使用的话，可以取得很好的效果。

发球的姿势和下旋球相同

球拍的角度与乒乓球的旋转

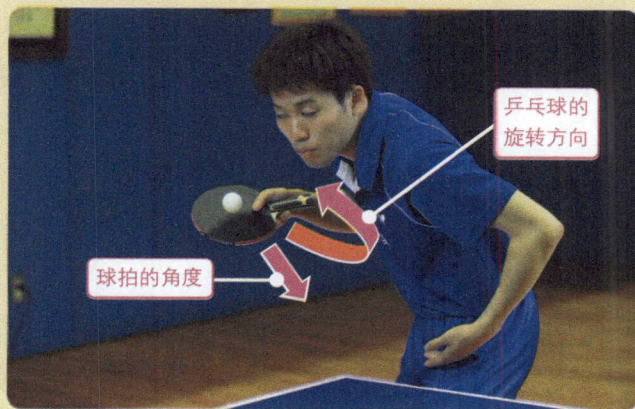

乒乓球的旋转方向

球拍的角度

发不转球可以采取如下的方法。首先可以使用和发下旋球同样的姿势，用接近球拍柄的部分击球，不会发生旋转。或者不使用手腕的动作，让对方误认为是下旋球。将不转球和下旋球交替使用会非常有效。

逆向侧旋

这是和侧旋球的旋转方向完全相反的发球方式，击球时摩擦乒乓球的外侧。发侧旋球时球拍向身体外侧摆动，发逆向侧旋球时球拍向身体内侧摆动，而且手腕的动作也和侧旋球相反。由于发球的难度加大，要掌握好手腕的动作。

球拍直立

摩擦乒乓球的外侧

因为发逆向侧旋球时球拍摩擦乒乓球的外侧，所以发球时要抬高肩膀和肘部，为回撤球拍的动作留出空间。而且手腕的动作是由内向外摆动，因此需要手腕的力量和柔韧性。因为击球的位置比较接近身体，所以更加容易发力，乒乓球会更加旋转。

抬高肘部

击球的一面朝向内侧

细节

球拍的角度与乒乓球的旋转

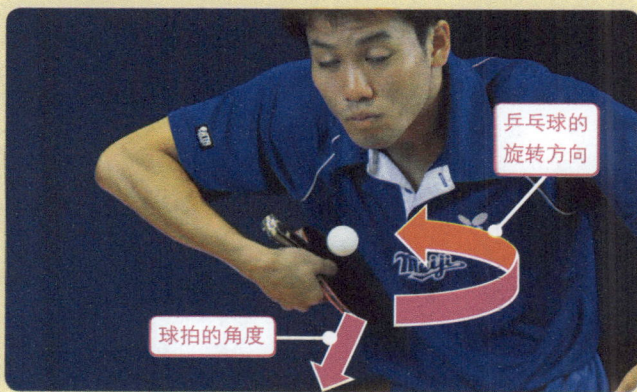

乒乓球的旋转方向

球拍的角度

右手握拍的话，摩擦乒乓球的外侧，导致乒乓球逆时针旋转，球路向左侧弯曲。如果击球时球拍垂直的话，发出的球称为逆向侧旋。如果球拍倾斜的话，可以打出逆向侧下旋球。

逆向侧下旋球

逆向侧下旋球是逆向侧旋球的发展，球拍垂直摩擦乒乓球的外侧，击球时球拍的前端稍稍向前倾斜。

抬高肩部和肘部

基本的打法和逆向侧旋相同。首先通过抬高肩部和臂部，给身体的前方留出回撤球拍的空间，手掌朝向身体内侧，随后摆动小臂。击球时，球拍的前端可以稍稍向自己的身体倾斜。除此之外，还可以调整球拍的角度，摩擦乒乓球的斜下方或斜上方，给乒乓球的旋转加上变化。

球拍的前端向前倾斜

细 节

球拍的角度与乒乓球的旋转

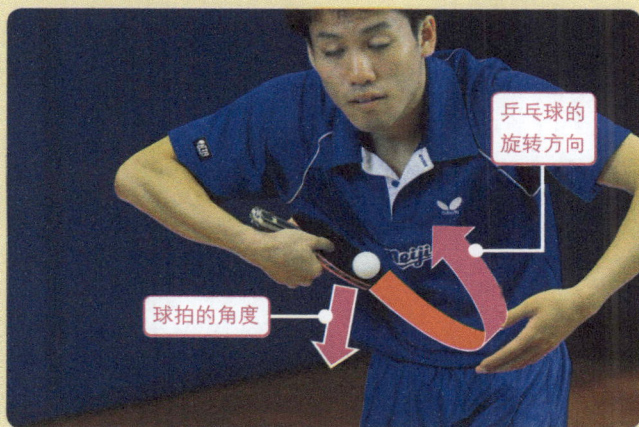

乒乓球的旋转方向

球拍的角度

　　如果是右手握拍击打逆向侧旋球的话，乒乓球向逆时针方向旋转，球路向左侧弯曲。在这个基础上加上下旋的话，就成为逆向侧下旋球。

下旋球

　　反手发球的要点是挥动臂部的动作和扭转身体的动作要保持同步，这样的话很容易给乒乓球加上旋转。击打下旋球时，球拍一定要水平削乒乓球的斜下方。

使用摆动小臂和手腕的动作击球

扭转身体

削乒乓球的下方

通过球拍后撤为击球积蓄力量，并且通过旋转身体，以肘部为支点挥动小臂，利用摆动手腕的动作给乒乓球加上旋转。

扭转身体，准备击球

以肘部为支点

细 节

球拍的角度与乒乓球的旋转

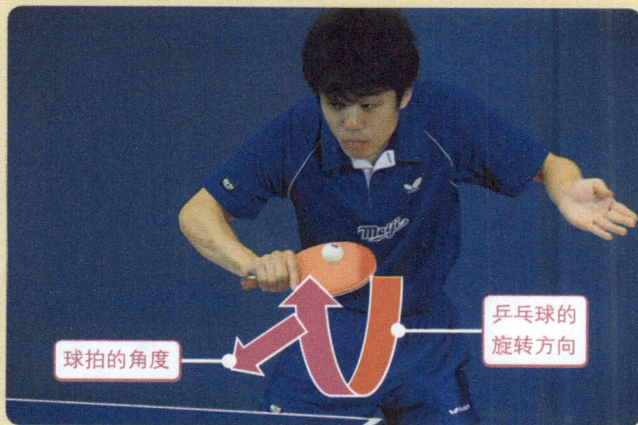

球拍的角度

乒乓球的旋转方向

击球时球拍倾斜，水平向前摆动。通过削球的下方，给乒乓球带来旋转。乒乓球旋转的速度可以通过手腕的动作进行调节。

侧旋球

　　反手的侧旋球和正手一样，都是通过摩擦球的侧面给乒乓球带来旋转。正手击球时，球拍的动作非常像钟摆。反手击球时肘部可以横向拉伸，这样会加快旋转的速度。

向上方挥动球拍

扭转身体的同时，右肩向前，球拍后撤。随后肘部带动小臂摆动，在身体正面击球。击球后，球拍可以继续向上摆动。

肘部带动小臂摆动

在身体正面击球

细 节

球拍的角度与乒乓球的旋转

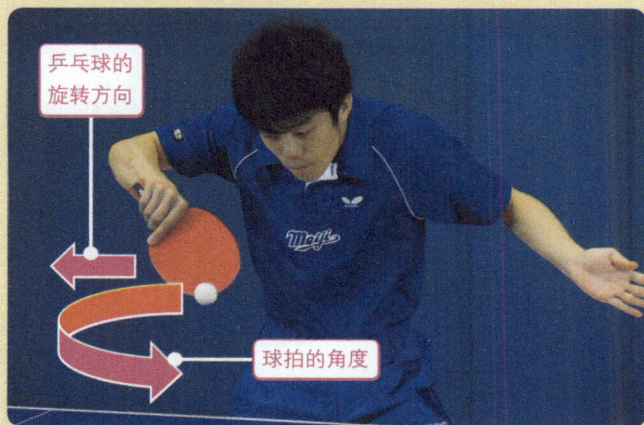

乒乓球的旋转方向

球拍的角度

击球时，肘部带动手臂横向摆动，摩擦乒乓球的右侧。正手侧旋球的话，乒乓球向顺时针旋转；反手侧旋球的话，乒乓球向逆时针旋转，球路向左侧画一条弧线。

上旋球

　　反手的上旋球动作和侧旋的动作相同。只是侧旋是摩擦乒乓球的侧面，上旋是摩擦乒乓球的后侧。挥拍时要提高肘部，在身体前面击球。

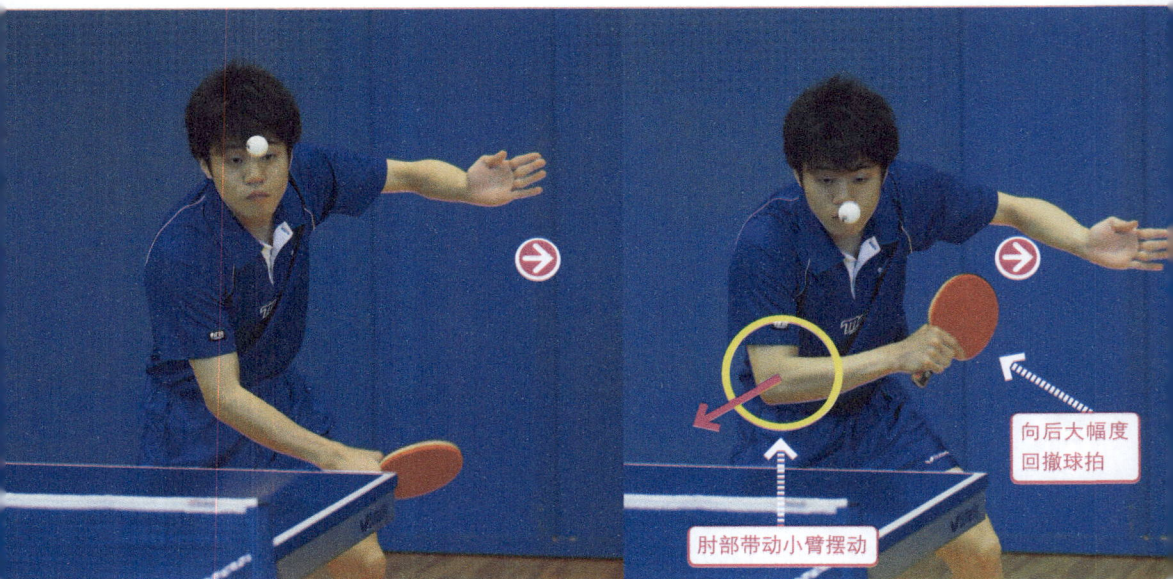

肘部带动小臂摆动

向后大幅度回撤球拍

右手握拍的话右肩向前，身体侧转，大幅度回撤球拍。随后回转身体的同时，肘部带动小臂摆动。身体的重心也放在右脚，挥拍的同时移动重心。

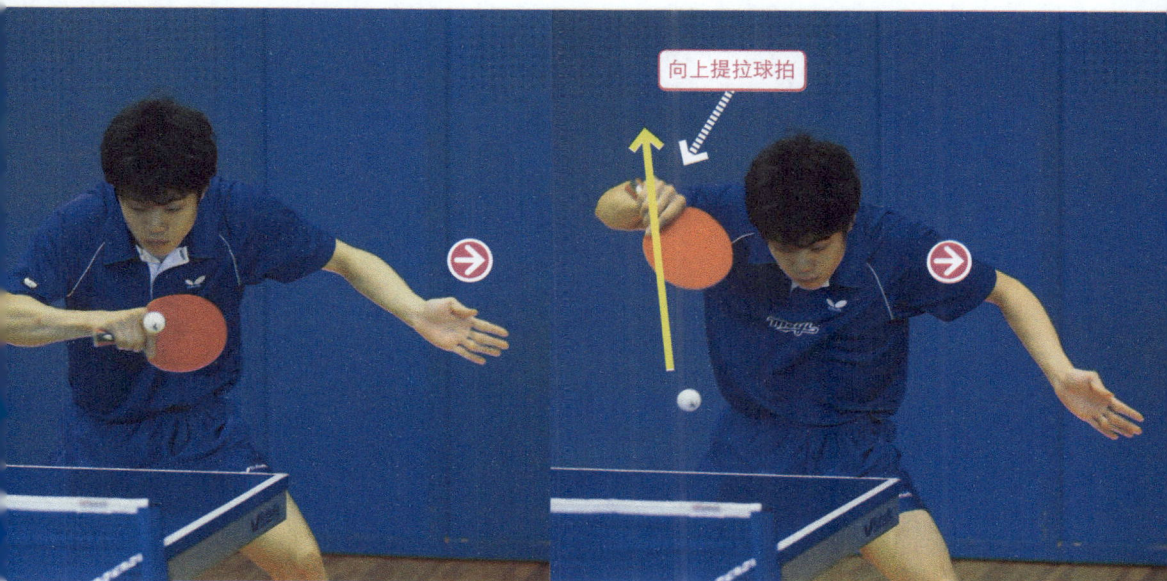

向上提拉球拍

细 节

球拍的角度与乒乓球的旋转

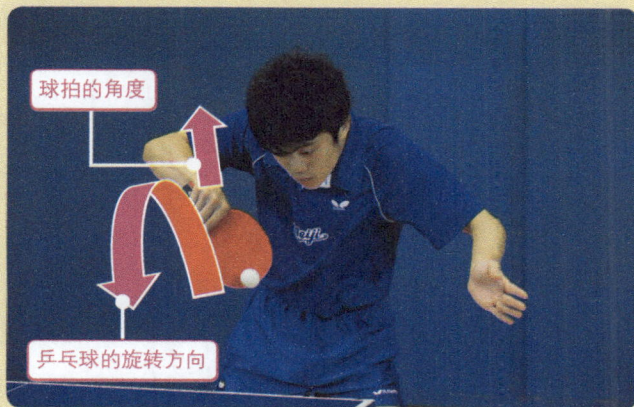

球拍的角度

乒乓球的旋转方向

击球的瞬间提拉球拍，球拍的拍柄向上，背面向斜前方。随后用背面摩擦乒乓球的后侧，打出向前的旋转球。

逆向侧旋

这是摩擦乒乓球外侧的发球方式，让对方误认为发的是侧旋球，从而导致回球失误。

手臂小幅度摆动，使用手腕的动作击球

因为需要摩擦乒乓球的外侧，所以回撤球拍后弯曲手腕，使球拍的前端朝上。随后小幅度挥动手臂，使用手腕的动作击球。

弯曲手腕，使球拍直立

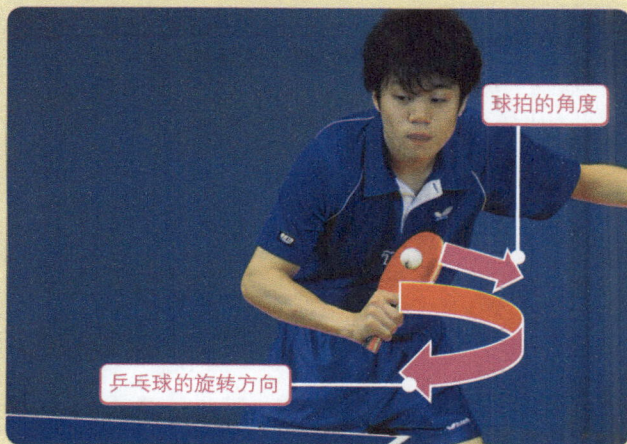

细 节

球拍的角度与乒乓球的旋转

球拍的角度

乒乓球的旋转方向

利用手腕的动作使球拍直立，摩擦乒乓球的外侧。乒乓球向顺时针旋转，球路向右侧画出一条弧线。

第三板进攻

　　第三板进攻可以称为乒乓球传统的进攻方法。如果把自己的发球称为第一板，对方的回球称为第二板，接下来自己的进攻可以称为第三板。为了第三板能够顺利形成进攻，就要注意发球的质量，尽量让对方的回球便于自己进攻。接下来我们介绍一下第三板进攻的三种常规模式，比赛时可以根据对方的特点，采用其中合适的进攻模式。

①搓球～上旋球

第一板发球

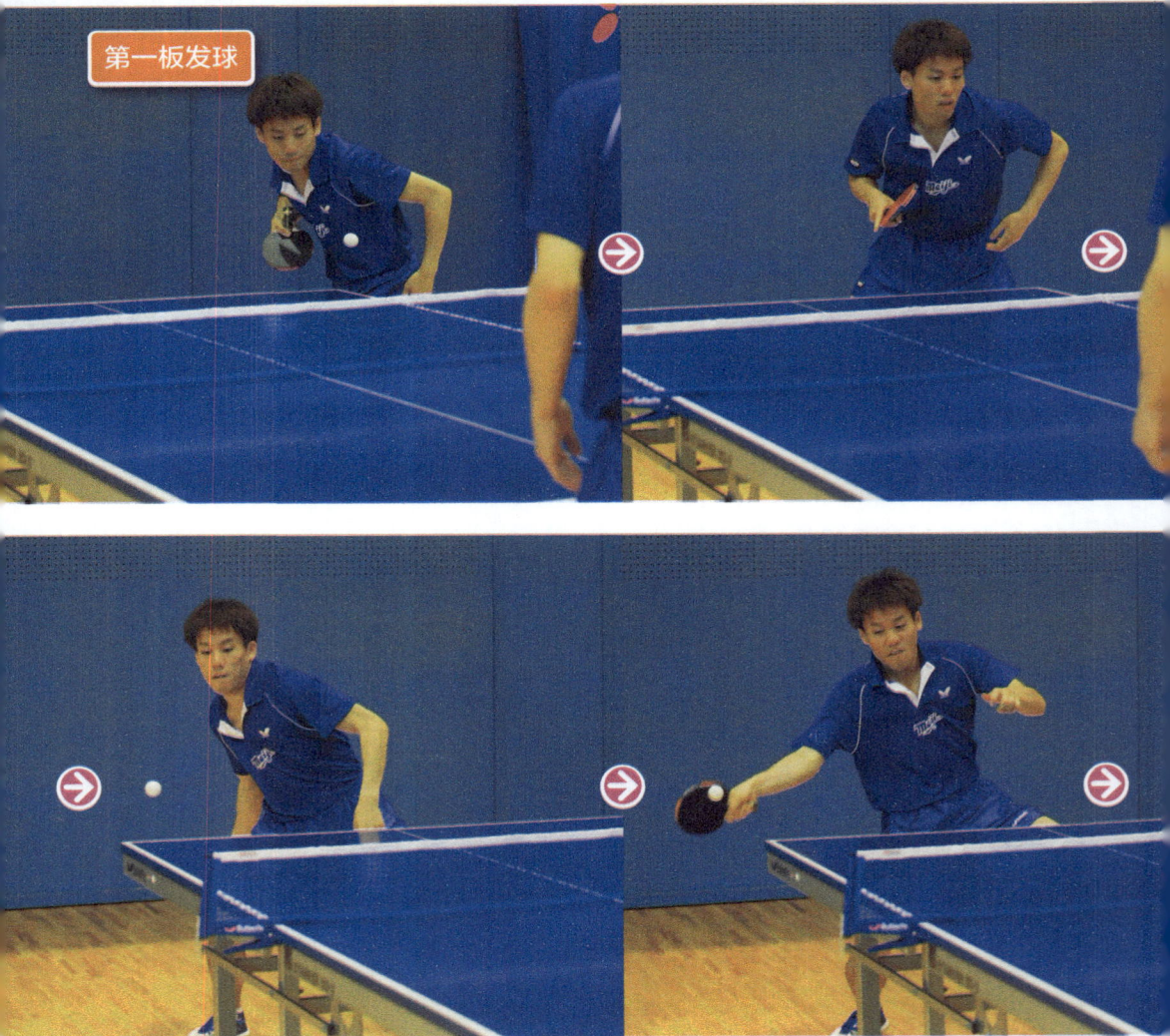

我们首先介绍的是向对方的正手发短球的模式。如果能发一个低平的近台短球的话，对方往往采用搓球来回球，因此可以采用上旋球进攻。如果对方回球过高的话，可以进行扣杀。照片中，发球时向对方正手打短球，并且对正手回球进行攻击。

第三板上旋球

第三板进攻

②挑接～挑打

第一板发球

如果对方使用挑接向本方正手回球的话，可以使用挑打进行进攻的模式。发球时可以向对方正手打短球，接下来对方采用挑接向本方正手回球，本方用挑打进行攻击。挑打时不仅要使用手腕的动作，而且要以灵活的脚步配合身体的动作。

第三板挑打

第三板进攻

③长球~上旋球

第一板发球

这是发长球时使用的进攻模式。发长球时，对方往往也使用长球回击。因此发球之后立刻向后撤步，将对方向反手打来的球，通过脚步移动使用正手进行回击。照片中的第一板发的是长球，在第3到5幅图中是步法的移动，第7幅图中进行正手进攻。

第三板上旋球

发球的规则

将乒乓球放在手掌上

发球时，将不握球拍的手掌张开，将乒乓球放在手掌上，直到静止。手掌要高于乒乓球台的台面。

抛球的高度为 16 厘米以上

在不带有任何旋转的情况下，将球抛起，高于手掌16厘米以上。

击打下落的乒乓球

在高于乒乓球台面的位置击打下落的乒乓球。发球当中，不能用身体阻挡对方的视线。并且乒乓球的位置应该在台面以上，在球台以外。

在本方球台进行一次弹跳

发球后，乒乓球必须在本方进行一次弹跳，然后越过球网，在对方球台进行一次弹跳。

手臂不能伸到乒乓球前面

将球抛起之后，握球拍的手不能伸到乒乓球和球网之间形成的三角区域之内。

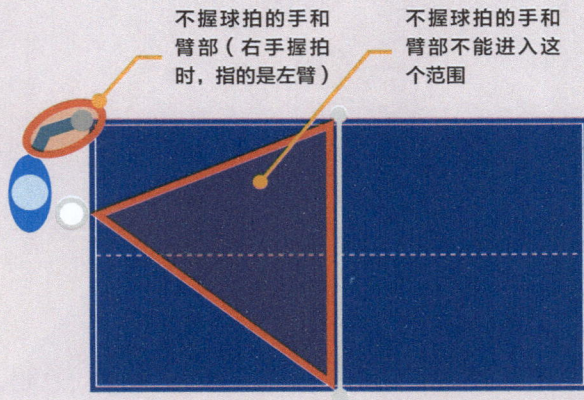

不握球拍的手和臂部（右手握拍时，指的是左臂）

不握球拍的手和臂部不能进入这个范围

第 6 章

接发球和第四板进攻

接发球的基础

站姿

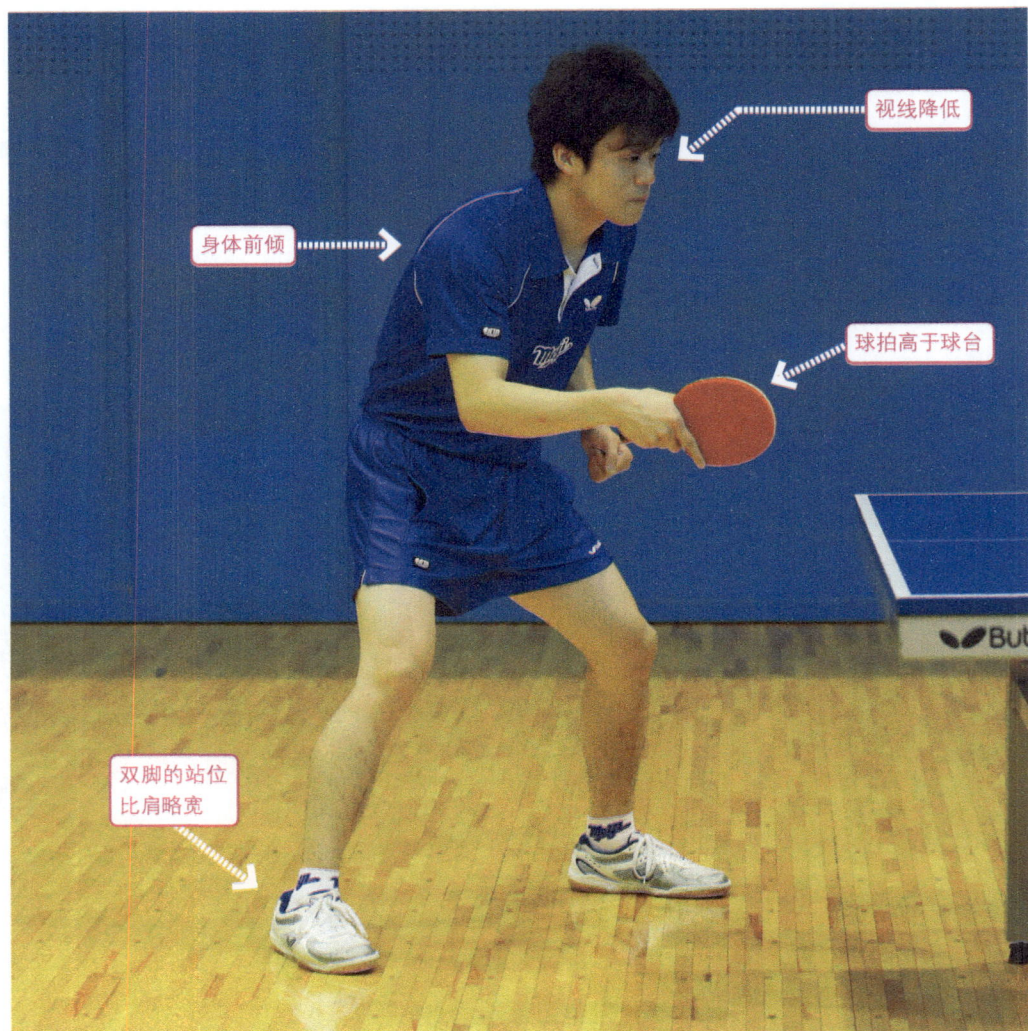

视线降低

身体前倾

球拍高于球台

双脚的站位
比肩略宽

关于接发球的姿势，和第84页讲述内容基本一样。双脚的站位比肩略宽，为了能够迅速移动步法，身体稍稍向前倾斜。

因为发出的球往往只比球网稍高一点，所以为了分清乒乓球的旋转，视线要稍低一些。球拍的位置比乒乓球台稍高。如果球拍放的位置过低的话，接球时需要消耗更多的时间。

站立的位置

　　站立的位置取决于自己的打球风格，以及对方的发球落点和对方的站位，所以不能一概而论。一般的选手往往站在自己一方球台的左侧，但是由于反手侧拧等技巧的普及，很多选手开始站在中线的右侧。

瞬间判断对方的发球

　　接球之前要根据对方发球时球拍的角度以及乒乓球的旋转，对接球方法进行判断，随后选择击球的技巧。基本上发球是下旋的话，使用搓球回击。发球是侧旋的话，使用挑打回击。

向对方的球台准确回球

　　利用回球直接进攻是最理想的方式，但是接球的难度比较高，首先应该将球打回到对方的球台。在此基础上，通过接发球防止对方的进攻，最后通过接发球组织进攻。

搓球

搓球是接下旋球时非常基础的方法。球拍在身体前方小幅度摆动，削乒乓球的斜下方，对于回击下旋球非常有效。并且通过调节击球的力度，可以控制回球的长短。

正手搓球时，右手握拍的话在身体的右前方击球，左手握拍的话在左前方击球。反手击球的话，可以在身体的正前方击球。接侧旋球和接下旋球相比，球拍稍稍直立。

接下旋球

接侧旋球

球拍的角度

  接下旋球时的搓球和一般的搓球打法是一样的，如果接侧旋球时使用搓球的话，乒乓球会向斜上方反弹。所以要将球拍的角度调节到接近直立。

接下旋球

接侧旋球

球拍直立

挑接

挑接是针对对方的短球回击一个近台短球，让对方不容易轻易接球的方法。挑接和搓球技巧有些相似，但是挑接可以突然改变回球速度，动作的幅度也很小。

接球时首先利用大跨步使身体接近乒乓球，在球弹跳一次之后迅速接球。如果只使用挥动手臂的动作击球的话，容易过于用力，起不到减缓球速的作用。因此击球时肘部最好稍稍弯曲，击球的瞬间手指紧握球拍。

接下旋球

接侧旋球

球拍的角度

和使用搓球接发球相同，接侧旋球时应该将球拍直立，这样的回球不至于过高。

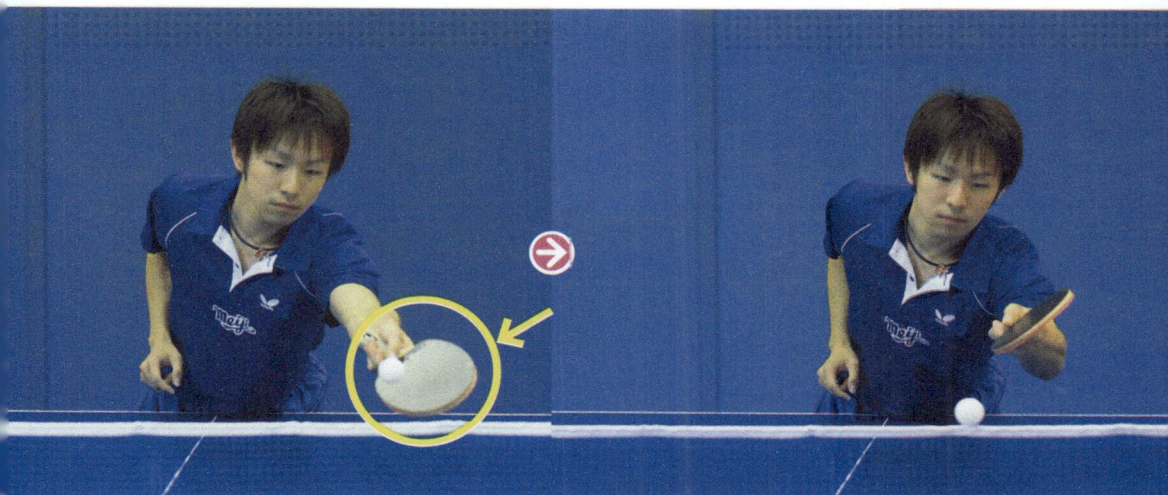

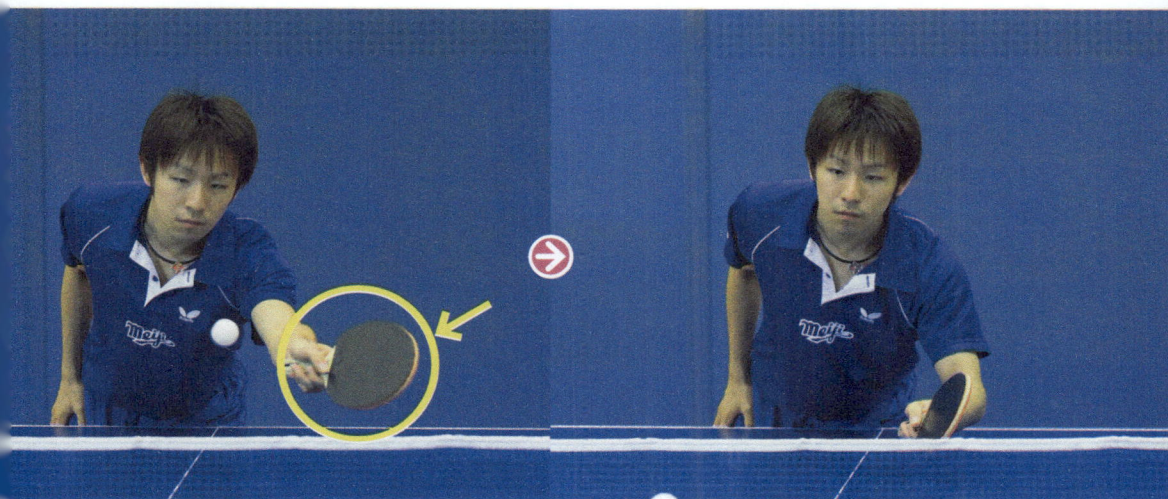

| 接下旋球 | 接侧旋球 |

挑打

挑打是对于发短球的上旋回球方法。打上旋球时，手臂往往进行大幅度摆动。但是挑打要在近台击球，所以小幅度挥动手小臂是回球的关键。

打上旋球时，球拍和球接近平行。但是挑打时，球拍过于平行的话容易下网。所以球拍首先要从下方接球，随后一边翻转球拍的角度，一边向上击球。球拍的轨迹形成一个"V"字，而且击球之前通过跨步接近球的话，可以提高击球的稳定性。

接下旋球

球拍从下方接球

球拍的正面稍稍向上

接侧旋球

球拍的角度

接下旋球时，球拍向上摆动，打出上旋球。接侧旋球时，如果也打上旋的话，回球可能过高。所以要向前方挥拍。

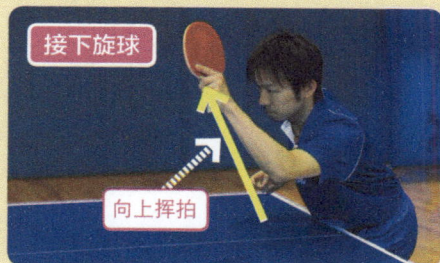

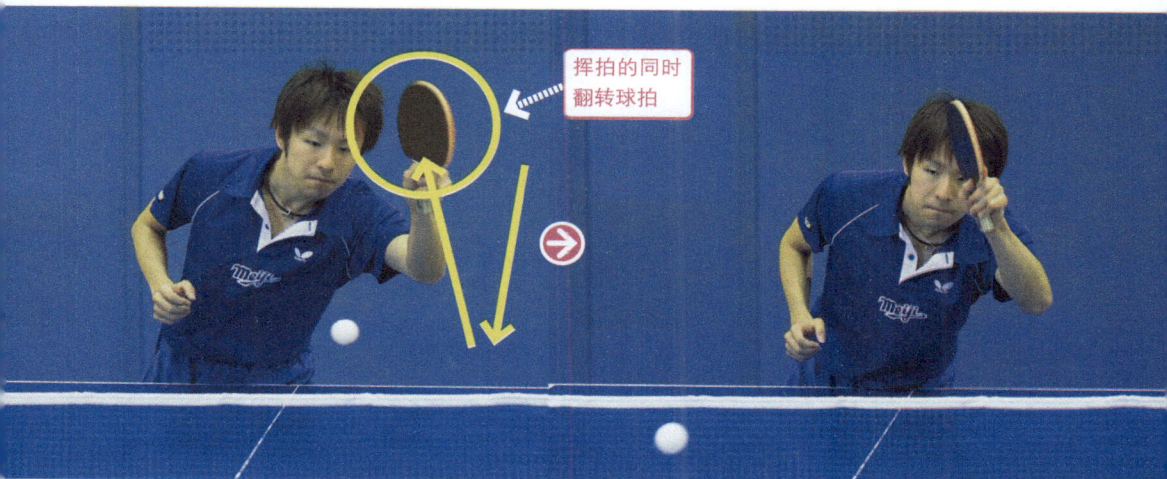

接下旋球
向上挥拍

接侧旋球
向斜前方挥拍

挥拍的同时翻转球拍

反手侧拧

反手侧拧是接短球时的反手上旋球技巧。球拍摩擦乒乓球的斜上方，使球斜向旋转，右手握拍的话球路向右，左手握拍的话球路向左倾斜。因为球路和香蕉的形状近似，所以也称为"香蕉球"。

首先抬起肘部，给球拍的回撤留出空间。小臂和手腕弯曲，球拍的前端向下回撤。随后以肘部为支点，像钟摆一样挥动小臂击球。球拍摩擦球的斜上方，打出强烈的旋转。

接下旋球

肩部和肘部上抬

接侧旋球

球拍的角度

　　和其他的击球方式相同，接下旋球时球拍向上摆，打出旋转。接侧旋球时，球拍向斜前方摆动，防止回球过高。

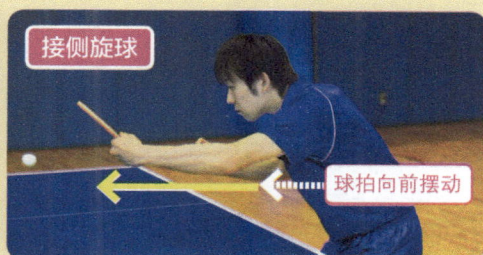

接下旋球

球拍向上摆动

接侧旋球

球拍向前摆动

以肘部为支点

独创接发球

　　接球和发球时，如果自己的特点被对方摸清的话，很难占得先机。这时关键是打出对方出其不意的球。所以希望大家能创造一些只有自己会的技巧。下面介绍的是和反手侧拧向相反方向旋转的接球方法。

击打乒乓球的右侧

这是通过反手击打侧旋球的接球方法。反手侧拧是摩擦球的外侧，这种方法摩擦球的内侧。右手握拍的话摩擦右侧，球路向左侧偏离。左手握拍的话摩擦左侧，球路向右侧偏离。第一张照片中的动作和搓球相似，可以让对方误认为是搓球。如果对准对方球台的中心击球的话，回球可以发生很大幅度的变线。

提起肘部，为回撤球拍留出空间，球拍前端向下

回长球

在当今的乒乓球界，发短球已经成为了主流。但是随着反手侧拧等反手击球技巧的开发，有时发长球变得更加有效。如果头脑中只想着对方发短球的话，突然发了一个长球也要能够做到立刻反应。为了接长球，无论是正手还是反手都应该保持身体和球台适当的距离，充分做好准备动作用力击球。

正手

反手

如果接到对方发来的长球的话，可以立刻进行进攻。进攻之前要分清对方的发球是上旋球、下旋球，还是侧旋球。随后迅速做好击球的准备，使用上旋球扣杀。下面的照片当中是回击侧旋球或侧下旋球时的动作，球拍要从下向上摆动，打出上旋球。如果球拍是正胶的话，可以打直球，如果是反胶的话，更适合打上旋球。

第四板进攻

在发球的章节中介绍的第三板攻击，是拥有发球权的人的进攻模式，而我们现在讲的第四板攻击是接球者的进攻模式。通过接球（第二板）直接得分是非常困难的，所以通过接球让对方打回一个低质量的球（第三板），随后通过第四板继续进攻。在一连串的动作当中，最重要的首先是将球有效地打回对方球台，并且通过回球给对方施加压力，让对方不能使用第三板进攻。

①挑打～上旋球

第二板
挑打

第四板
上旋球

这是使用挑打接球，第四板使用上旋扣球的方法。如果第一板发球是短球，而接球使用搓球的话，容易受到发球者的第三板进攻。所以我们使用挑打的技巧，回击一个上旋球，无论对方的球拍材质如何，往往会回一个长球。这时如果将球拍从下向上挥动的话，乒乓球容易出界，所以击球时球拍的轨迹尽量接近平行。

第四板进攻

②挑接～上旋球

第二板
挑接

如果使用挑打回击对方的短球的话，对方很容易用长球回击。如果自己的回球质量差的话很容易受到对方攻击。为了避免受到对方的攻击，使用挑接是一种很好的办法。使用挑接的话，对方往往用搓球回击，正好利于第四板的上旋扣球。照片中是挑接之后进行侧向移动，连接上旋球进攻。由于对方第三板打来的球是下旋球，所以要向斜上方挥拍。如果对于下旋球，挥拍的角度太平的话容易下网。

第四板
上旋球

第四板进攻

③反手侧拧~反手上旋球

第二板
反手侧拧

第四板
反手上旋球

用反手侧拧接短球，然后用反手进攻。用反手打正手球，这在当今的乒乓球界变得很常见。如果使用反手侧拧打正手球的话，反手方向会留出很大的空间，所以击球之后要立刻回归原位。照片中是对方的发球打到了反手，使用反手侧拧回击。综合上述的挑打、挑接、反手侧拧等技巧，不需要进行单项训练，而是考虑到第四板进攻的方式，让对方的回球更便于自己进攻。

比赛的基本规则

将乒乓球放在手掌上

通过猜硬币或猜拳决定发球的顺序。

在比赛之前进行猜硬币或猜拳，胜者可以选择先发球还是接发球，也可以选择场地。第一局发球的选手在第二局要接发球。

比赛的回合

乒乓球的比赛采用三局、五局、七局制，先赢得半数以上局数的一方为胜者。

每局十一分制

先取得十一分的一方在本局中获胜。但是打到10：10以后，连续取得两分的一方获胜。

连续两次发球

每得两分交换一次发球权，但是打到10：10以后，每得一分交换一次发球权。

交换场地

每局比赛之后双方要交换场地。比赛的最后一局，一方取得五分之后必须交换场地。

比赛中的休息

每局比赛之间有一分钟休息，而且一局当中每得六分之后，以及最后一局交换场地时，可以使用毛巾擦汗，并且得到休息。

第 7 章

对于不同类型
选手的攻略

上旋球型

擅长正手进攻

　　擅长正手进攻的人往往频繁使用步法移动，尽量通过正手击球。因此，遏制对方的步法移动成为制敌的策略。虽然向对方的正手回球比较危险，但是对手的意识中一直考虑着向反手挪步。所以先集中攻击对方的正手，然后出其不意打反手。这样对方可能来不及挪步，回球的质量不会很高。

　　此外，长短球的配合也很有效。因为长球往往是上旋球，所以用发短球或挑接向前调动对方，趁机攻击反手。

正手～反手

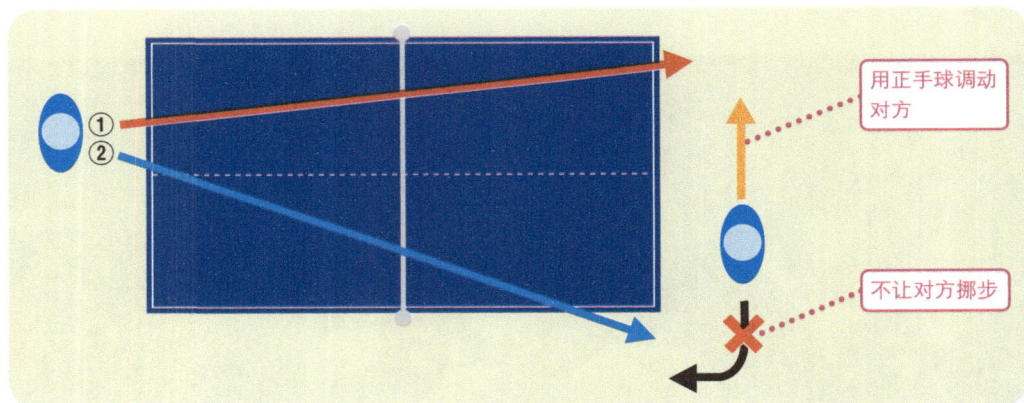

用正手球调动对方

不让对方挪步

前后调动对方

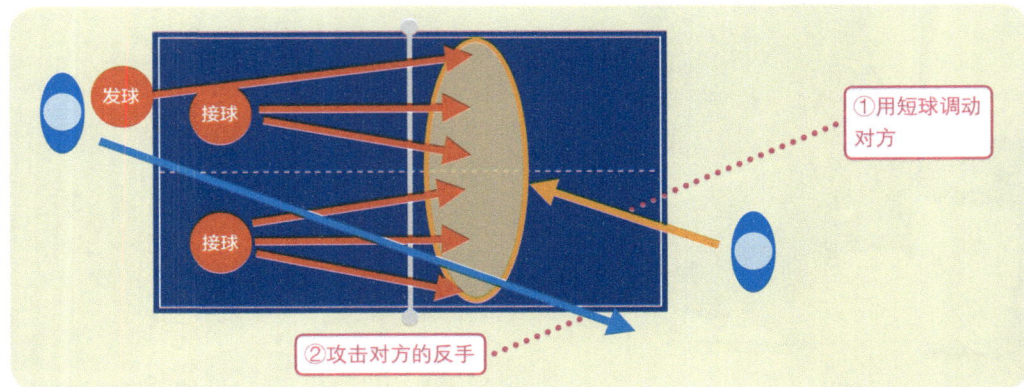

发球

接球

接球

①用短球调动对方

②攻击对方的反手

擅长反手进攻

擅长反手进攻的人，对于球台的正中到右脚附近的正手范围的来球，往往使用反手接球。如果连续攻击擅长反手的人的右脚附近的位置的话，对方的站位会逐渐偏向球台正中。如果此时突然打对方的反手的话，会令对手出其不意。

正手~反手

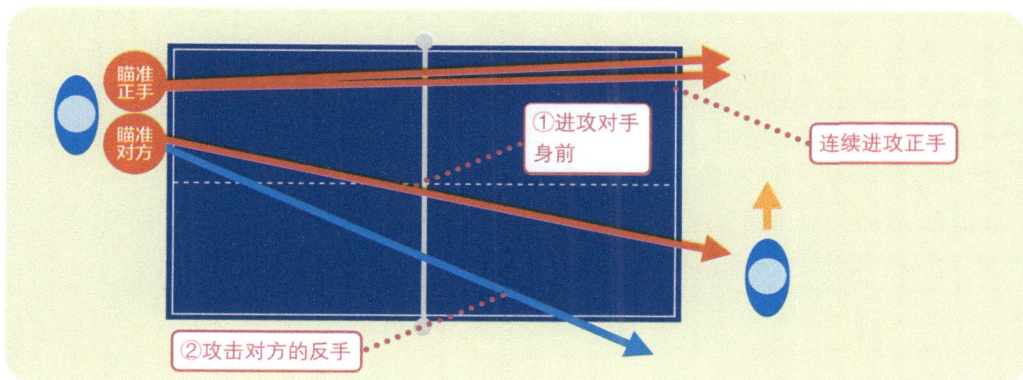

瞄准正手

瞄准对方

①进攻对手身前

连续进攻正手

②攻击对方的反手

擅长正、反手进攻

擅长正、反手进攻的人往往很少出现失误，如果和这样的选手打对攻的话，正中对方下怀。所以尽量抢先在近台发起进攻。攻击点在对方的身前。

攻击对方的身前

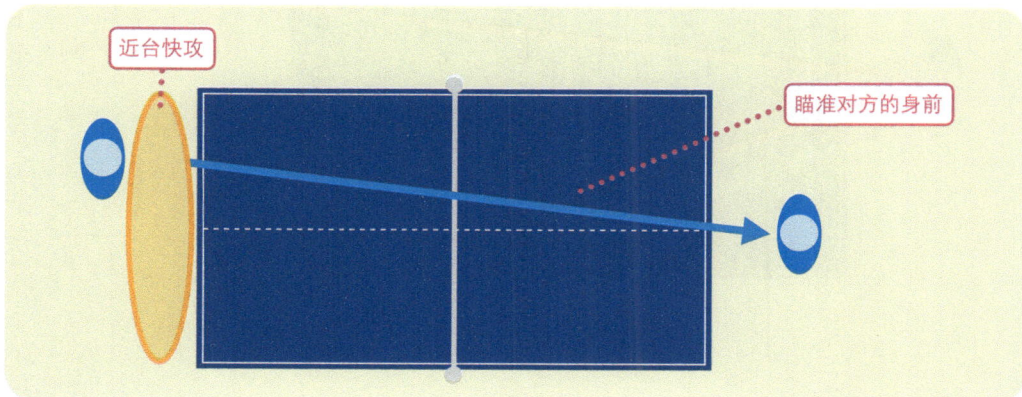

近台快攻

瞄准对方的身前

近台快攻型

近台快攻型打法往往在意识中更偏向于进攻，如果本方的打法过于单一的话，很快就会受到对方的攻击，所以应该用不同的球路来调动对方。如果打长球的话，对方很容易扣杀，因此要使用搓球来减缓球速，并且最终组织向对方进攻。

近台快攻型选手使用正胶球拍的比较多，所以对于下旋球不容易立刻扣杀。例如向近台快攻型选手打一个下旋长球的话，对方很难立刻进攻，往往进入相持阶段。这时本方可以开始进攻。

此外，通过正手的进攻分散对方的注意力，随后突然用搓球攻击对方反手的话，回球往往比较缓慢，给本方提供了一个进攻正手的机会。如果对方能将球接起的话，接下来可以进攻对方的反手。就是通过这种左右的调动，使对方疲于招架。

近台快攻型打法非常喜欢拉锯战，所以要不断改变乒乓球的速度，将下旋球和不转球融合在一起，来打破对方的节奏。

反手搓球~正手

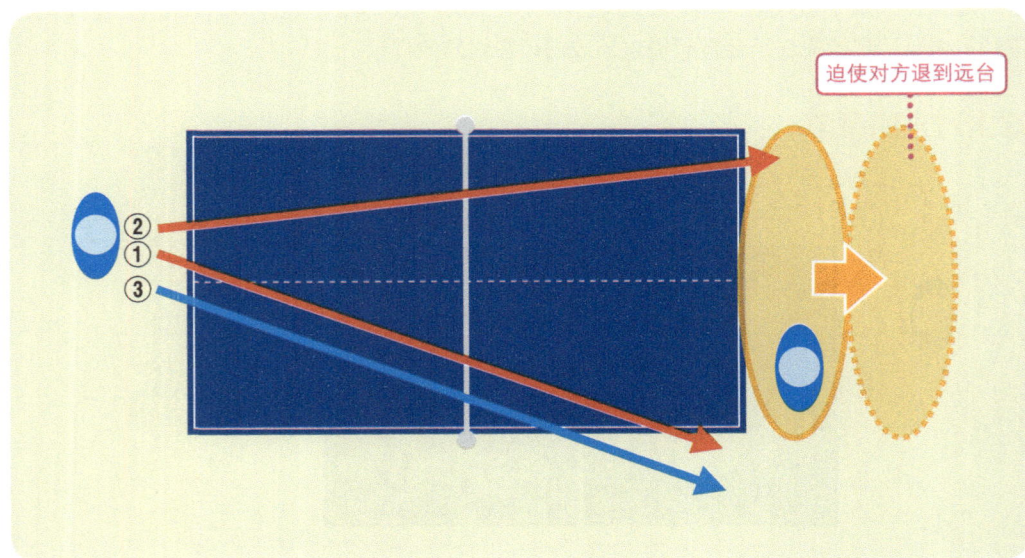

迫使对方退到远台

近台攻守型

近台攻守型指的是站位距离球台很近，重视防守的类型。虽说重视防守，但并不是一味防守，防守中还带有进攻。

如果本方进攻的话，对方往往使用推挡进行防守。虽然自己在不断进攻，但是一直被对方调动，这样的话自己的体力会消耗很大。

采用近台攻守型的打法的人喜欢站在反手位置，即使进行正手进攻，也会立刻退回反手。这时，比较有效的进攻方法是连续向对方的正手进攻。通过这种方法消耗对方的体力，当对方的反手出现空隙时，立刻向对方的反手进行攻击。

如果一直向对方打短球的话，对方非常容易防守。所以要将长球、短球、高球、低球混合在一起使用，让对方防不胜防。

正手直球～反手

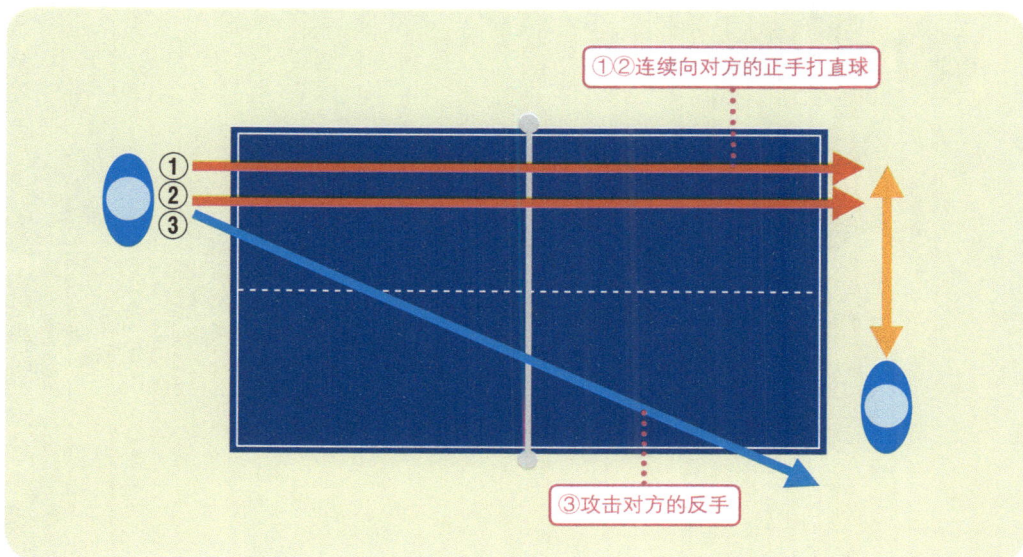

①②连续向对方的正手打直球

③攻击对方的反手

削球型

　　削球型打法主要分为两种，一种是完全使用削球进行防守，另一种是用削球进行防守的同时兼顾进攻。对于使用削球防守的打法来说，如果等待对方回球失误的话，自己反而容易被对方抓住机会。所以应该主动出击，利用第二板或第四板进行强攻。

　　针对削球和进攻结合的打法来说，虽说对方善于削球，但是打法以进攻为主。所以使用上旋球为主的打法进行攻击的话，可以导致对方的回球失误，或者造成对方不恰当的攻击，给本方提供了很多机会球。

　　针对削球型打法的选手，进行前后的位置调动是很好的办法。如果前一个球打到对方正手的话，下一个球就可以打对方的身前。假如，正手球连接着反手球的话，正是对方比较擅长的接球类型。所以打一个正手近台的话，紧接着打正手远台，使用不同的距离调动对方。此外，使用不同距离的正手上旋球，也容易导致对方回球失误。

正手短球~中间长球

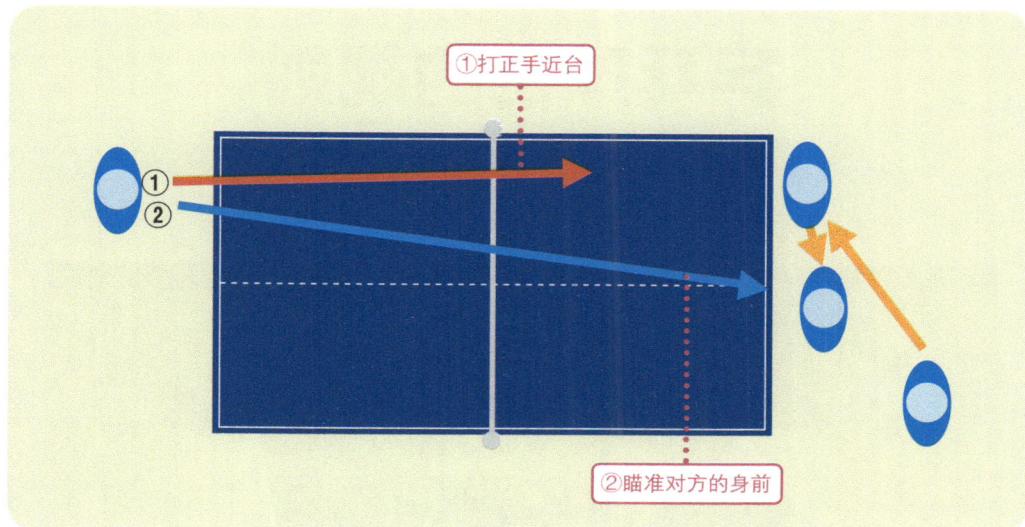

①打正手近台

②瞄准对方的身前

正手近台~正手远台

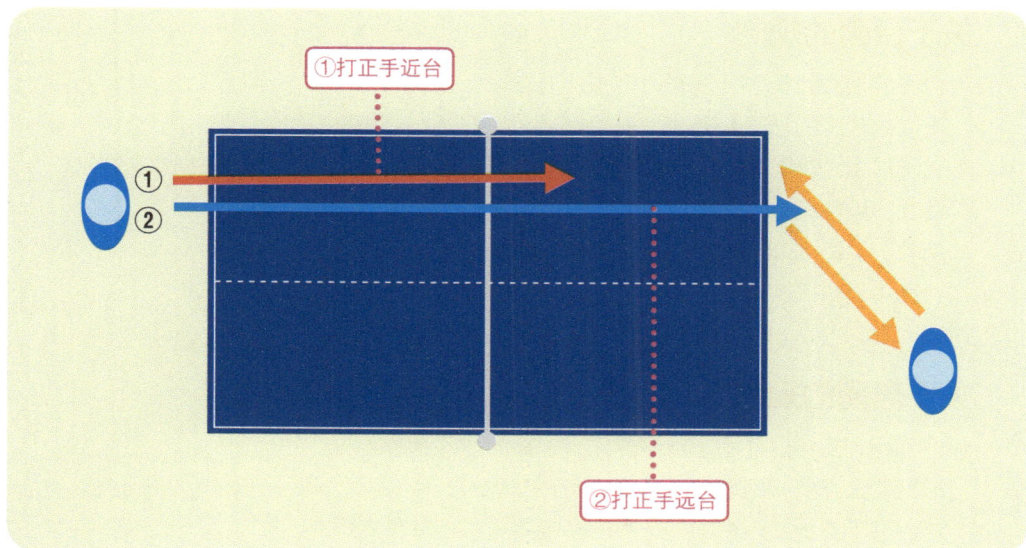

①打正手近台

②打正手远台

乒乓球台的规则

在正式的比赛中，对于乒乓球台具有很详细的规定。首先要使用指定的乒乓球台。

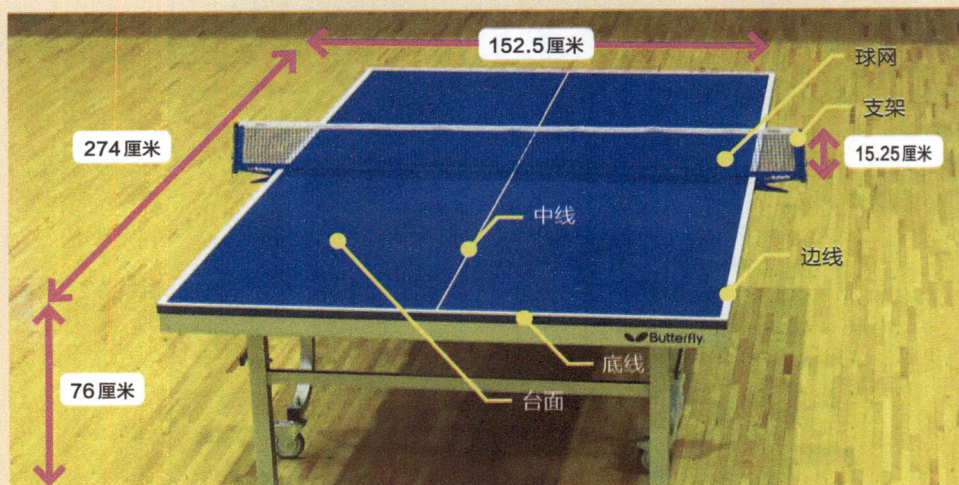

关于台面的规则

- 台面的尺寸为长274厘米，宽152.5厘米，高76厘米。
- 可以由任意的材质制造。
- 关于材质的硬度，在乒乓球从30厘米的高度落下时，平均反跳距离约为23厘米。
- 台面的颜色均一，无光泽。
- 沿着台面的四周，画两厘米宽的边线和底线。
- 台面中间有一条3毫米宽的中线，将台面平均分为两部分。

关于球网的规则

- 将球网、支架以及固定球网的工具统称为球网套装。
- 球网的上方要横跨球台，高度为15.25厘米。
- 球网的下方要接近台面，球网的两端要紧紧连接在支架上。

第 8 章

双　打

双打的特点

1+1=3？

　　双打时，两位球员的配合是非常重要的。即使是两位水平非常高的球员配合在一起，未必能形成出色的双打组合，也就是说1+1不一定等于2，也许等于1或3，甚至比3还要大，这就是双打的魅力。

　　双打中最重要的是了解同伴的技术特点，在配对期间就要反复进行攻击和防守的配合练习。这样就可以锻炼出一组非常优秀的双打选手。

发球和接发球是关键

　　双打中的发球和接发球非常重要，因为双打的规则规定，要从本方球台的右半边打到对方球台的右半边，所以接球的范围非常小，如果发一个机会球的话，很容易受到对方攻击。有时候双打很容易形成拉锯战，如果遇到水平非常高的选手的话，在第二板就会被对方攻击。

　　因此在双打当中和队友的配合固然重要，发球和接发球的练习也必不可少。

右手握拍 + 左手握拍比较有利？

　　在选择队友配对时，重要的一点就是两个人握拍习惯。因为双打中两个队员要交替击球，所以"右手握拍＋右手握拍"和"右手握拍＋左手握拍"这两种组合方法中，两个人的运动方向不同。

　　"右手＋右手"的话，两位球员的站位容易重叠，互相影响，但是"右手＋左手"的话，二者的反手球不在一个位置，可以减小这种矛盾。因此一般认为"右手＋左手"这种配对方法比较合理。

　　但是随着乒乓球技术的不断发展，出现了很多新的反手技巧，因此对于双打中队友之间的握拍方法已经不能一概而论了。

双打的基本规则

①发球要从本方的右侧半台打到对方的右侧半台

　　双打中发球和接球的位置都是固定的。发球一方要从本方球台的右半边打倒接球一方的右半边，也就是说要打一个对角线。如果从右半边打到对方的左半边的话，则判为失误。每得两分发球者和接球者要交换，这一点和单打是一样的。

　　发球权交给对方以后，刚才接球的选手现在改为发球，刚才没有发球的选手变为接球。

②一方的两位选手要交替击球

　　在网球和羽毛球当中，一方的选手中可以由任意一人进行连续击球。但是在乒乓球比赛中，两人必须交替击球。如果一位队员连续击球的话，则判为犯规。

③比赛的第一局中，两位队员中的任意一位都可以发球。但是下一局中要交换二者的位置

　　取得发球权的一方，任意一位选手都可以发球。但是进入下一局比赛后，上一局中接球的一方开始发球，任意一位选手都可以发球。而且接球一方的两位选手要互换位置。

④比赛的最后一局中，一方取得五分之后必须交换场地

　　比赛的最后一局中，一方取得五分之后必须交换场地。这时接球一方的两位选手要交换位置。

发球之后的战术

在进行双打比赛时，为了队友能在第三板进行攻击，发球时要充分考虑到对方回球的位置。

如果希望对方回挑打球的话，可以发侧旋球或不转球。希望对方回搓球或挑接的话，可以发下旋球。

因为双打时发球的路线要从本方球台的右半边到对方球台的右半边，所以打出机会球的话，对方很容易得分。因此要将各项发球的技巧使用得恰如其分。

右手＋右手①　跨步之后打上旋球

右手＋右手②　向正手挑打

上方照片：如果对方向反手打来长球的话，可以使用跨步之后打上旋球的方法进行回球。如果是右手加右手的话，被打到正手的球正好是第三板，队友之间的站位会发生冲突。如果是打到反手的长球的话，和队友之间的位置不会发生冲突，可以有充分的时间进行击球。所以对方如果打反手球的话，可以尽量扣杀。

下方照片：和跨步之后打上旋球一起，应该练习正手挑打。而且应该练习到无论对方向哪个位置回球都可以进攻。跨步之后打上旋球需要手臂的大幅度摆动，但是正手挑打的往往是对方挑接的回球，所以只需要在球台上小幅度挥动手臂。如果挑打之前手臂的位置过低的话，来不及近台击球。所以预测到对方会回近台短球时，应该把球拍放在球台上方做好击球的准备动作。

发球之后的战术

左手＋右手① 正手上旋

左手握拍

右手握拍

发球手向后撤

右手＋左手② 反手上旋

左手握拍

右手握拍

发球手返回原位

双打中的进攻方法之一，就是让对方的两名选手的位置发生冲突。如果连续两球向对方的同一个位置进攻的话，必然给对方接球增加难度。照片中的发球手为了让对方的回球落到自己的半台，而使用下旋球发球。但是发球手在发球之后，立刻向后撤步，给同伴回球留出了空间，从而使同伴能够打出正手上旋球。

照片中是右手加左手的组合，发球的选手在发球之后立刻返回原位，因此不会影响左手握拍的同伴使用反手上旋回击。而且，右手加左手的组合在步法移动方面，相互之间的影响会比较小。

接发球之后的战术

　　在双打当中，通过接发球是否能够掌握比赛的主动权，会影响到比赛的胜负。为了通过接发球调动对方，并且能实现第四板进攻的话，需要平时进行大量的练习。

　　接发球和发球相同，为了同伴能够在第四板顺利地进行进攻，要打出高质量的接发球，并且要让同伴的进攻更加得心应手。

右手＋右手①　反手侧拧～反手上旋球

右手＋右手②　挑接～跨步之后打上旋球

上方照片：这是在右手加右手的组合当中，通过反手侧拧使同伴能够打出反手上旋球的范例。接球手向正手跨步，使用反手侧拧接球。如果是右手加左手的话，两位运动员的位置容易发生冲突。但是照片中是两位右手握拍的选手，所以不用担心这个问题。用反手侧拧回球之后，对方的回球速度一定很快，照片中使用了反手上旋球回击，大家也可以练习通过正手或反手两面都可以回击。

下方照片：下方的照片使用的是挑接的方法来接发球。如果使用挑接回球的话，对方往往使用搓球回击，而不会打快球。因此给同伴回球留出了时间的富裕，同伴可以轻松地用正手上旋大力击球。

接发球之后的战术

右手 + 左手① 反手侧拧～正手上旋球

左手握拍　　　　　　右手握拍

右手 + 左手② 挑接～反手上旋球

左手握拍　　　　　　右手握拍

这是右手和左手的双打选手使用反手侧拧接正手上旋球的进攻方法，照片中左手选手使用反手侧拧技巧回球。如果右手握拍的选手使用反手侧拧技巧的话，容易和同伴发生位置冲突，但是左手选手没有关系。使用反手侧拧回球的话，对方一定会回一个快速长球，因此同伴可以提前后撤，做好正手上旋球进攻的准备。

接下来是挑接连接反手上旋球的进攻模式。使用挑接以后，对方往往使用下旋球回一个短球，同伴可以提前接近球台，准备进攻。因此，打第四板的选手可以通过队友的回球方法，提前做好进攻的准备动作。

两位右手选手的步法

　　进行双打时，同一方的两名队员要轮流进行击球，所以一定要熟悉对方的步法变化。特别是两名右手握拍的选手配对的情况下，经常会因为同样的步法而影响对方，所以平时应该经常练习步法的配合。如果两名右手握拍的选手被对方连续进攻同一个位置的话，两名队员要轮流换位。接下来我们练习一下两名队员在正手和反手的步法配合。

正手的步法

反手的步法

向外挪步

上方照片：这虽然是正手的步法练习，但是和反手的共同点就是，击球之后给队友留出空间。当二人都在正手击球时，击球之后立刻从外侧向后撤步。同伴击球之后也做同样的动作。如果一名队员击球之后向反手撤步，而对方的回球正好打到反手的话，会和队友的接球动作发生冲突。

下方照片：在反手击球时，也是完成击球动作之后，立刻向外侧撤步。如照片中所示，两位选手的轮流击球步法按照逆时针方向旋转。但是在正手击球时，两名选手的击球步法按照顺时针顺序旋转。※由于回球的位置不同，二者的步法会出现一些变化。

队友从内侧向前挪步

通过外侧绕到后方

左手选手和右手选手的步法配合

　　这是左手握拍的选手和右手握拍的选手的步法配合练习。因为二者的反手位置不同，所以在击球之后可以向反手挪步，这样不会影响队友的动作。这一点要比两位右手握拍的选手配合更具有优越性。但是两位右手握拍的选手或者两位左手握拍的选手组合，都曾经出现过世界大赛的冠军。即使具有先天的劣势，也可以通过平日的大量练习进行弥补。

左手握拍

右手握拍

回归原位

给队友留出空间

照片中，右手握拍的选手击球之后，向自己的反手方向挪步，为队友留出击球的空间。左手握拍的选手也在击球之后向自己的反手方向挪步，为队友的下一次击球留出空间。因此左手握拍的选手和右手握拍的选手组合的话，步法会更加融洽。

给队友留出空间

回归原位

双打中发球手和接球手的换位

交换发球权时的换位

在双打中，每次交换发球权时，之前的接球手成为发球手，之前的发球的队友成为接球手。

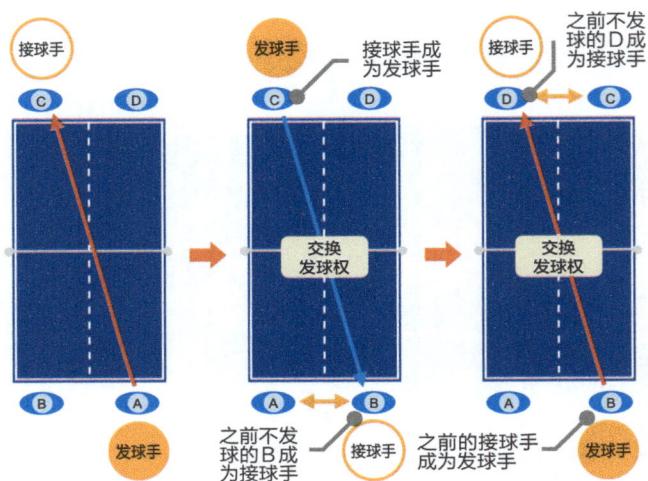

接球手

发球手

接球手成为发球手

接球手

之前不发球的D成为接球手

C D → 交换发球权 → C D → 交换发球权 → D ↔ C

B A

B ↔ A

A B

A B

发球手

之前不发球的B成为接球手

接球手

之前的接球手成为发球手

发球手

新一局比赛的发球手和接球手的换位

新一局比赛中，上一局的接球一方的任意一位队员可以成为发球手。接球手一方的队员需要换位。

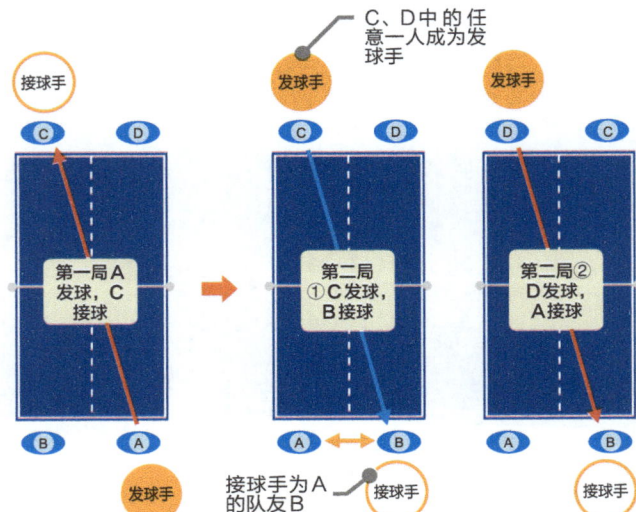

接球手

发球手

C、D中的任意一人成为发球手

发球手

C D → 第一局A发球，C接球 → C D → 第二局①C发球，B接球 → D C → 第二局②D发球，A接球

B A

B ↔ A

A B

A B

发球手

接球手为A的队友B

接球手

接球手

第9章

综合练习

上旋对上旋

　　如果从发球到第四板都没有决出胜负的话，有可能出现相持状态。这样的话使用小技巧是无法解决问题的，需要具有威力的扣球来解决战斗。为了增加在对攻时的力量，我们可以进行上旋球对攻练习。现在，上旋球进攻的使用方式多种多样，因此平日有必要进行大量的练习。最近很多女乒乓球队员也在进行这样的练习。

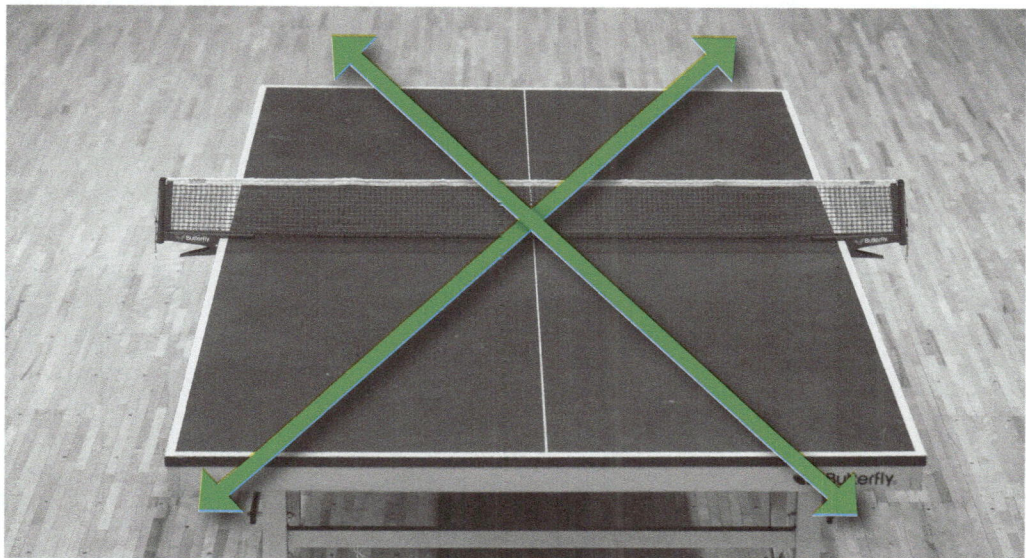

　　首先确定好击球的路线，例如正手对正手，反手对反手，随后对攻上旋球。练习时要使用全身的力量击球。练习熟练以后，可以进行球路不固定的对攻。

大跨步移动

为了能够适应在比赛中千变万化的球路，我们在平日就要进行步法练习。接下来我们在球台的左侧、中间、右侧3个位置进行正手击球练习。击球的同时需要大跨步移动。

左侧正手击球→中间正手击球→右侧正手击球

左侧

右侧

击球的位置按照左侧→中间→右侧→左侧→中间→右侧往复循环。需要注意的是，因为我们事先已经知道来球的位置，所以应该迅速移动脚步，使用正确的姿势击球。如果只使用手臂的动作击球的话，是不能练好步法的。一开始可以放慢练习的速度，先掌握正确的步法。练习熟练以后，可以逐渐提高速度。

中间位置

快步移动

接下来我们再练习一下快速的步法移动。首先在球台的右侧进行反手击球和正手击球，随后移动到球台左侧进行正手击球。如果心里总想着下一个动作的话，动作没有完成之前脚步就开始移动。要记住，彻底完成击球动作之后再进行脚步移动。

右侧反手击球→右侧正手击球→左侧正手击球

右侧反手击球

这是按照右侧反手击球→右侧正手击球→左侧正手击球的顺序，在固定的3个位置进行循环击球的练习。首先把速度放慢，把精力集中于步法的练习，随后再加快动作。大范围移动时可以使用三步移动的方法，快速移动时可以使用两步移动的方法。

右侧正手击球

左侧正手击球

正手和反手的切换～确定回球线路

前一部分我们练习了大范围移动中的正手和反手击球，接下来我们练习小范围移动中的正手和反手切换。在小范围移动中如果不能做到立刻进行脚步和身体姿势的切换的话，无法迅速击球。所以步法的移动变得更加关键。

右侧反手击球→中间正手击球→右侧反手击球→左侧正手击球

右侧反手击球

右侧反手击球

这是通过右侧反手击球→中间正手击球→右侧反手击球→左侧正手击球的循环，交替练习正手和反手击球。在正手和反手的切换当中，进行右侧到中间的小范围移动，以及右侧到左侧的大范围移动，步法的变化也是从小到大，非常具有节奏感。

中间正手击球

左侧正手击球

从发球开始的系统练习

在发球之后，大约有60%到70%的比例回球到自己的反手，所以可以使用反手上旋球回击，随后跨步进行正手扣杀。希望大家通过这一连串动作记住从发球开始的常用基本动作。

发球→反手上旋球→跨步正手上旋球→扣球

发球

准备扣杀

如果将对方打到自己反手的球通过上旋回击的话，也许对方会回一个机会球。如果这时不能立刻移动步法的话，不能进行最后的致命一击。所以我们要把从发球到最后的扣球的一系列动作练习得更加连贯。如果对方的实力比较高的话，有可能将球回击，这时可以使用正手上旋球扣杀。

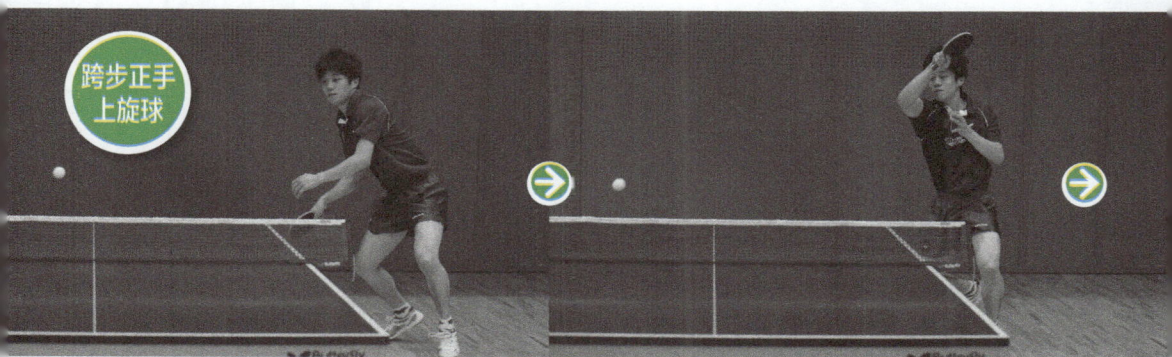

反手
上旋球

跨步正手
上旋球

从接发球开始的系统练习

这是从反手侧拧回球开始的系统练习。因为反手侧拧之后的回球容易回到反手，所以可以击打反手上旋球，最后用正手上旋球扣杀。

反手侧拧接球→反手上旋球→正手上旋球

反手侧拧接球

正手上旋球

这个练习当中，从反手侧拧到反手上旋的过程非常重要。但是反手侧拧无法解决战斗，需要接下来的反手上旋球来取得优势。如果反手上旋球能够给对方施加压力的话，就可以掌握比赛的主导权。照片中是将对方打到正手的球，使用正手上旋回击。练习的最后的球会打到本方的正手，但是即使球回到本方的反手，也可以在跨步之后使用正手扣杀。

实战练习

实战练习是完全模拟实战进行的练习。虽然说是练习，但是只有互相对攻的话没有什么意义，因此要和实战的形式完全相同。通过这种练习，可以在比赛之前磨练临场的感觉，并且将平日锻炼的技巧应用在实战中。大家要带有明确的目的，然后再参加实战练习。

多球练习

多球练习指的是发球选手和接球选手组成一队，进行连续发球和接球的练习。发球的选手要根据接手选手的水平，将快球、慢球以及各种旋转球连续发出。

因为来球连续不断，所以想磨练某一种技巧时，或者锻炼体力时，这种练习非常有效。

后记

　　这本书只是将我多年打乒乓球的经验进行了一个总结，并不是最全面的乒乓球教科书，没有介绍到的技巧还很多。如果只按照这本书上写的内容去练习的话，会成为一名非常偏执的乒乓球选手。

　　乒乓球是一项非常自由的运动，大家可以将球打到对方球台的任何部位，无论是高球还是低球，甚至是旋转球。可以说乒乓球是一项非常快乐，非常自由的运动。希望大家在接触乒乓球的过程中，不断享受这项运动带给你的快乐。

　　如果在练习当中出现问题或不顺利的话，希望本书能起到一点帮助作用。

2014年11月

田崎俊雄

摄影模特：明治大学乒乓球队

从右至左：平野友树（2013年和2014年全日本大学乒乓球综合锦标赛双打冠军）、丹羽孝希（2013年全日本大学乒乓球综合锦标赛双打冠军，2013年全日本乒乓球锦标赛双打第三名，2014年全日本大学乒乓球综合锦标赛单打亚军）、平冈明博、松下海辉（2014年全日本大学乒乓球选拔锦标赛单打第三名）、冈田崚（2013年全日本大学乒乓球综合锦标赛单打第三名）和松下贵亮。

主编田崎俊雄的简历

1974年11月1日出生于日本栃木县宇都宫市，现为明治大学乒乓球队教练，同时担任协和发酵麒麟乒乓球学校校长。

运动员时代曾经是日本著名的直拍选手，在大学期间，获得全日本大学生乒乓球锦标赛的单打冠军一次，双打冠军两次。成为职业选手后，获得全日本乒乓球锦标赛1994年、1996年、1997年、2002年四次双打冠军。之后连续参加了亚特兰大、悉尼、雅典奥运会。1999年开始参加了德国甲级联赛，度过了三个赛季。2008年33岁时选择退役，2012年回到母校明治大学担任乒乓球队教练。

图书在版编目（CIP）数据

乒乓球基础与实战：击球、攻防与战术：全彩图解版／（日）田崎俊雄主编；王爽威译. -- 北京：人民邮电出版社，2016.1
ISBN 978-7-115-41151-8

Ⅰ. ①乒… Ⅱ. ①田… ②王… Ⅲ. ①乒乓球运动—图解 Ⅳ. ①G846-64

中国版本图书馆CIP数据核字(2015)第300131号

内 容 提 要

　　无论乒乓球技术如何发展、变化，扎实的基本功对于任何一位乒乓球爱好者都是必不可少的。本书由参加过三届奥运会并且在退役后积累了丰富的大学乒乓球队执教经验的职业教练创作，讲解了从乒乓球运动器材、基本击球动作、基本步法，到削球、发球、接发球、攻防技术和战术的各方面内容。全书通过正面、侧面、局部细节放大展示和动作连拍等多种照片展示方法，超细致解析每一个基础动作。乒乓球的运动轨迹、球员动作的方向和角度也都在照片上标示出来，非常易于理解和模仿。

　　本书专门为乒乓球初学者写作，但是对于练习了一阵乒乓球，希望纠正错误姿势，学习基础技巧，提高运动水平的进阶爱好者也非常有参考价值。

◆ 主　　编　[日]田崎俊雄
　　译　　　　王爽威
　　责任编辑　李　璇
　　责任印制　周昇亮

◆ 人民邮电出版社出版发行　　北京市丰台区成寿寺路 11 号
　　邮编　100164　电子邮件　315@ptpress.com.cn
　　网址　http://www.ptpress.com.cn
　　三河市君旺印务有限公司印刷

◆ 开本：700×1000　1/16
　　印张：13　　　　　　　　　　2016 年 1 月第 1 版
　　字数：300 千字　　　　　　　2025 年 7 月河北第40次印刷
　　著作权合同登记号　图字：01-2015-5082 号

定价：49.80 元

读者服务热线：**(010) 81055296**　印装质量热线：**(010) 81055316**
反盗版热线：**(010) 81055315**